税法思考術

木山泰嗣　著

一般財団法人 大蔵財務協会

まえがき

本書は、エッセイです。

タイトルにあるように「税法」と「思考術」を組み合わせることを目的に綴ったものですが、何かの技術を体系化しようとしたものではありません。

約12年間、弁護士として税務訴訟の納税者代理人として訴訟活動をしてきました。縁があって5年前に大学教員に転身し、いまは税法研究と教育に専念しています。

こうした弁護士（実務家）としての経験と、大学教員（学者）としての経験を混ぜ合わせると、どんな考え方に行き着くのでしょうか？

というほど、おおげさなことを綴った本でもありません。

両者の経験を踏まえて、何かの思考実験をしているものでもありません。

では、どんな本なのでしょうか？

そう聞かれると、どのように答えればよいのか戸惑ってしまいます。そうですね。一言でいえば、冒頭の1行が答えになります。

本書は、エッセイです。

対象は、税法を中心に据えました。昨年秋に『税法読書術』という本を刊行しました。これもエッセイでした。本書は、その第2弾ということになります。

前著とのつながりは、内容的にはありません。本書が初めてという方でも、ふつうにエッセイとして読んでいただけると思います。それで、もしご興味をもって前著も読んでいただけたら、もちろん嬉しいですが。

内容のことを、少しだけ示しておきます。

最近の新しい判例が登場します。源泉徴収と錯誤についての最高裁平成30年判決、令和元年のユニバーサル・ミュージック事件判決などです。源泉徴収について近年生じている限界、平成27年の最高裁判決から始まった「判断基準の複雑化傾向」などにも触れました。この1年くらいに、いろいろ考えてきたことを綴っています。エッセイということもあり、２０２０年という世の中でいま起きている問題についても少し述べました。ただ、目的は「思考の仕方」を問題提起することにあって、その対象を議論することではありません。

税法思考という対象のかたさがあるため、リーダビリティや文章のリズムに工夫を凝らしました。

この本の文章を味わっていただければ——通勤電車のなかでも、ゆったりとした時間の流れる休日にコーヒーや紅茶やビールを飲みながらでも、ですが——嬉しく思います。

本書を手にとっていただいたこと、これからあなたに読んでいただけることに、心より御礼申し上げます。

木《き》山《やま》泰《ひろ》嗣《つぐ》

○目次○

「盲点」は、さまざまな事象の「空白地帯」にあるのかもしれない。それは、制度と制度のはざまにある「中間地帯」であるかもしれない。あるいは、制度と災害や疫病との間に生じる「中間地帯」なのかもしれない。もっといえば、人の目がみる世界と、人の頭のなかで動く世界の間にゆがみをもたらす、人間の思考であるかもしれない。

1

税法と私法の間にある「中間地帯」とは？

税法には、何も書いていない「中間地帯」がじつはある。

それは、税法と私法の間をつなぐ部分である。こういう意味で用いた言葉で、中間地帯とはわたしが考えた造語である。

税法を適用する際にその前提となる法律関係は、税法ではなく私法の領域になっている。私法とは、民間人同士の法律関係を定めたものである。民法・商法・会社法を中心に、その特別法がある。

私法の一般法である民法の領域では、契約自由の原則を中心とした「私的自治の原則」がある。強行法規に違反しない限り、当事者間で合意された契約内容に法は干渉しないという考え方である。

税法の論点である租税回避の否認においても、この私的自治の原則が前提とされる。そのため、租税法律主義とあわせて考え、明文の否認規定がない限り、私法上有効な行為を税法が否認することはできないと解されている。こうして、これを否認するために、租税回避行為がなされやすい分野については、否認規定が税法に定められることになる。同族会社等の行為計算否認などである。

契約自由の原則は、租税回避や税額減少を目的としたものでも、強行規定である公序良俗違反にはならないため、有効な契約になる。あくまで、租税回避や税額減少を図る意図は、その契約を締結する動機という位置づけになるからである。

この意味で、税負担の錯誤のある契約等については、別途、私法上の行為に錯誤がある場合に税法上どのような影響が生じるか、という問題としてあらわれる。

錯誤だけではない。私法上は無効になるもの、取り消すことができるもの、解除されたもの、違法なものなど、その効力に疑義が生じるものを総じて「法律上の瑕疵」ということがある。私法上の法律行為にこうした「瑕疵」がある場合に、税法はどのように適用すべきか。この点については、国税通則法に更正の請求の規定が若干ある程度で、基本的に税法には何も定められていない。

法律行為が行われた時点では有効だった。しかし、後に無効になった、あるいは取り消された。こういった場合に、税法をどのように適用すべきかという問題も生じる。事後的変動の場合の処理である。これについて判例は、経済的成果とその喪失という概念を用いて、税法解釈を行っている。

このように、①契約解釈、②私法上の効力、③事後的変動などの場面において、税法と私法の関係が問題になる。そして判例は、これまでさまざまな解釈を、その都度行ってきた。

こうした税法と私法の間にある「中間地帯の問題」については、これまで「税法の解釈論」として考えられてきた。原則として、私法上の法律行為をベースに税法が適用されるというのが判例・通説である。そして、先ほどの上記3点のような問題が生じたときには、その税法解釈が判例上なされてきた。

税法と私法の中間地帯には、法律の規定がない。税法にも私法にも基本的には定めがない。そこで、「中間地帯」が争われた場合、裁判所の法解釈によって解決されることになる。果たして、それでよいのだろうか。

もちろん、立法で解決すべきとすれば、契約解釈の問題については、租税回避の否認と絡めて考えると、GAAR（分野を問わない一般的否認規定）を日本の税法にも導入すべき、という大がかりな問題になってしまうかもしれない。もっとも、契約解釈は租税回避に限られるわけではない。

租税回避が問題になっていなくても、契約解釈を形式的にみるべきか実質的にみるべきか、という問題が税法では生じることがある。そうすると、これは税法における実質主義の問題ということになるかもしれない。

事後的変動の場合には、経済的成果が生じていれば私法上の効力いかんにかかわらず、その外観を前提に課税要件の充足を考えるという税法における外観論に行きつくかもしれない。

税法と私法の関係については、税法の教科書などをみても、いくつかのタイプの問題に分けて考えられている。

しかし、租税法律主義ということを考えると、「この中間地帯についても本来は、税法の規定が必要なのではないか？」という問題が生じるように思う。

こういうかたちで問題提起がされたものは、あまりみたことがない。しかし、古くは国税通則法制定の際に、これに関連した提言がなされていた（税制調査会「国税通則法の制定に関する答申（税制調査会第二次答申）及びその説明」（昭和36年7月））。もっとも、個別具体的な問題として提言されており、税法と私法の「中間地帯の法定化」という提案がなされていたわけではない。

「中間地帯」という造語を用いてここで議論しようと思ったのは、なぜか。それは、税法判例をみていると、税法が定めた課税要件の解釈を争うものだけでなく、この規定のない「中間地帯の解釈」（規定がないなかでの解決策の法解釈）が争われているものが意外と多いことに気づいたからである。

しかし、これらの場合に、租税法律主義が問題にされることは少ない。アンタッチャブルというか、中間地帯については「判例理論でいけばいい」という、暗黙の前提があるのかもしれない。

あるいは、課税要件事実の認定の部分なので、これは税法が規定する領域ではなく、民事訴訟にいう事実認定の問題だという考えなのかもしれない。事実認定の問題だと考えると、民事訴訟法は自由心証主義を採用していている。そこでは「基本的には裁判官が自由に証拠を評価して認定する」という建前が採られている。

このように考えると、実質主義を明文化している所得税法12条などの実質所得者課税の原則は、事実認定について定めた特別法ということになる側面もあるかもしれない。しかし、12条はあくまで人的帰属の問題を規定したに過ぎない。そう考えれば、事実認定の方法を定めたわけではないと理解できる。

そもそも、課税要件については判例を通じてさまざまな税法解釈の議論がある。ところが、課税要件事実の認定となると、途端に議論がなくなる。

問題提起の繰り返しのような文章になってしまった。

これを逆手にとって考えると、税務訴訟をする場合には、「この中間地帯を攻めると、けっこう戦いやすいですよ」というアイデアにもなる。判例があるといっても、最高裁判例があるものは少ない。あっても射程の問題が生じる。明快な判例理論もなく、法律上の主張がしやすい。後で紹介する最高裁平成30年判決（源泉徴収義務の錯誤主張）は、まさにこうした部分の問題であった。

視点を変えると、やはりこうした中間地帯にある隙間を埋めるべきではないか、という議論になるだろう。つまり、この中間地帯部分も、租税法律主義の領域と考え、その方法論を立法化してしまう提案である。

全てを法律で定めることは難しいかもしれない。しかし、先ほど挙げた3類型について、基本的な規定を設けておくことはできるはずである。そこまでするのが租税法律主義だという発想である。

このように考えてみると、そもそも租税法律主義が課税要件だけでなく、その手続も法律で明確に定めるべきと理解されてきたこととの「具体的な意味」が問われる問題だということができそうである。

さて、どのように考えるのが、よいのだろう？

ここに書いた数々の問題の詳細を、これからひとつひとつ解きほぐしていこう。

2

ユニバーサル・ミュージック事件

——東京地裁令和元年判決を読む

元号が令和に変わった2019年は、興味深い税務訴訟判決が多数あらわれた。前年度は税務訴訟の納税者勝訴率が3%と、衝撃的な低さに落ち込んでいた（国税庁「平成30年度　訴訟の概要」参照）。

これを跳ね返すような令和元年度の快進撃といえるかもしれない。その統計データは、6月にならないと公表されない。そのため執筆時点（2020年1月下旬）ではわからないが、10%程度には上がるのではないかという印象である。

そうした統計上のデータはともかく、なかでも特に興味深い判決があった。それが、ユニバーサル・ミュージック事件の東京地裁判決である（東京地裁令和元年6月27日判決・裁判所HP）。

何が争点になったかというと、同族会社等の行為計算否認規定（法人税法132条1項）の適用である。大正時代に制定されたこの条文は、その文言に変遷はあるものの、比較的古くからある否認規定といえる。

同族会社は、家族経営である。商法、会社法上、特段の違法とならないまま、自由に関係会社との間で取引を行うことができる。その際に支払う報酬や手数料も、自由に決めることができてしまう。

実質的所有者である株主も同意しており、何ら問題なく適法な行為となる。しかし、そうした私法上の適法性の問題とは別に、税法の問題を考えることができる。その根拠規定が、同族会社等の行為計算否認規定である。

具体的には、私法上有効な行為・計算であっても、「これを容認した場合には法人税の負担を不当に減少させる結果となると認められるものがあるとき」には、税務署長がその行為・計算を否認できる。つまり、税法上は別の行為・計算であったとみなすことができる、という制度である。

課税要件は、法律で定めるべきとするのが、憲法の要請である（租税法律主義）。それも明確であることが求められる。納税者がどのような場合に課税がなされるかを予測できることが必要になる（予測可能性）。また、どの税務署であっても全国統一的に同じように課税はなされなければならない。そこで、その解釈適用にも安定性が要請される（法的安定性）。

こうした租税法律主義を定めた憲法84条との関係で、いまみた課税要件を考えると、どうだろう。「これを容認した場合には法人税の負担を不当に減少させる結果となる」場合というのは、抽象的である。また、「不当に減少」という評価は、人により異なる可能性がある。曖昧といわざるを得ないだろう。

このような文言が使われているのは、課税要件を明確に定めているとはいえず、課税要件明確主義に違反するのではないか。こういう議論が、従来からある。

しかし、不確定概念であっても、法律の宿命として一般性・抽象性はいたしかたないところがある。そこで、判例などを通じてその解釈の基準を具体的に示すことで、課税に対する予測可能性や法的安定性の要請にこたえるよう努力すればよい、と考えられている。

本件ではこうした憲法論が論点になったのではない。それは争ってもなかなか裁判所は違憲とはいわない。過去の最高裁判例で、合憲とすでに判断されている。したがって、大法廷での判例変更がない限り、この主張が認容されるのは困難である。そこで原告は、更正処分をされた当該法人(同族会社)の行為は、いまみた課税要件を満たさず、否認はできないから、当該処分は違法であると主張した。

この要件は「不当である」と認められることが必要になるため、「不当性要件」と呼ばれている。最高裁は昭和50年代から、この不当性要件については、経済的にみて合理的といえるかどうかを基準にすべきとしてきた(経済的合理性基準)。

5年ほど前に話題を呼んだものに、ＩＢＭ事件があった。同じ法人税法１３２条の適用が争われたが、裁判所は経済的合理性基準を採用している。そして、日本法人であるＩＢＭが行った株式の譲渡は不当性要件を満たさず、否認をした更正処分は違法であるとされた。納税者であるIBMが、勝訴して裁判は確定していた。

本件に戻そう。原告であるユニバーサル・ミュージックは、音楽事業などを行う著名な企業である。フランス法人を究極の親会社とする国際的グループ法人の系列にある日本法人（合同会社）であり、法人税法上の同族会社であった。

資本関係は、極めて複雑である。裁判所の判決をみると、A4の別紙1枚に上から下まで英語名称の会社がぎっしりと並ぶ。1番上にあるフランスのV法人を頂点に、英国法人、オランダ法人、米国法人、ドイツ法人などが多数登場する。1番下に日本法人が出てくるのだが、日本の会社も複数登場する。さらに組織再編成が事件のなかで行われているため、裁判所の別紙も2枚用意されており、前後で分けていた。いずれの別紙も、判決文は通常白黒（単色刷り）なのだが、多数登場する会社を色分けしていた。青がフランス法人、黄色がオランダ法人、紫が英国法人、緑が米国法人、赤が日本法人、茶色がドイツ法人という具合である。

事案の複雑さは、歴代の税務訴訟のなかでもトップクラスと思われる。わかりやすくいうと、こうなる。同族会社である日本法人がオランダの親会社の一人会社として設立された。その後に、同社から295億円の追加出資を受けた。この追加出資と同日に、グループ全体の目的（8つ認定されている）に沿った組織再編が行われた。同日付けの行為の数は、じつにさまざまなのだが、「デット・プッシュ・ダウン」といってグループの系列会社の負債をグループ下位の法人に移すことで、グループ全体の財務状況等を改善する方法である。

課税処分がされたのは、この日本法人が同日にグループのフランス法人から866億円の借入れをした部分である。その支払利息をその後の複数の事業年度において損金算入したことが、法人税を不当に減少させる行為であるとして否認された。損金算入された支払利息は、5事業年度で合計170億円を超える。課税処分による追徴課税の合計は、60億円を超えるものであった。

さて、判例解説のような書きぶりになってしまったかもしれない。いまなぜこの判決に詳しいかというと、最近、判例評釈などをいくつか書いたからである。ひとつは税務訴訟の判例解説を連載しているA誌である。昨年、(上・下)に分けて評釈を書いた。この連載は見開き2頁で、どちらかというと実務家向けにざっくり説明するものである。分量に限界があるため、次にB誌の連載に詳細な判例評釈を執筆した。この原稿を書くちょうど前の日に、そのゲラのチェックを終えた。

まだあまり判例評釈もないなかで、判決文を熟読し検討した。その結果、組織再編行為に計算否認規定（こちらは平成13年に創設された）が適用されたヤフー事件の最高裁判決（最高裁平成28年2月29日第一小法廷判決・民集70巻2号242頁）と類似する点があることがわかった。

ヤフー事件の最高裁平成28年判決の調査官解説を以前に読んだときに、あたまに残っていたことがあった。調査官解説とは、その最高裁判決の下書きを作成するため文献・判例等の調査を行う裁判官が、民集や刑集といった公式判例集に掲載された最高裁の判断について解説をしたものである。最高裁平成28年判決の調査官解説で印象に残っていたのは、不当性要件の該当性を検討する際には、考慮事情と観点があるという指摘であった。

ヤフー事件の適用条文は、法人税法132条の2であり、最高裁平成28年判決は制度濫用基準を採用していた。これに対して、ユニバーサル・ミュージック事件の適用条文は132条であり、従前の判例から経済的合理性基準が採用されている。隣の条文とはいえ、こうして異なる要件であると解されているのに（同じ文言で同じように不当性要件と呼ばれている）、その発想を東京地裁は参照したのだな、とわかった。

数少ない他の公表されている判例評釈を図書館等で入手したが、いずれにも指摘はされていなかった。そこで、この点をA誌の連載でまず指摘をしていたのだが、B誌の判例評釈ではさらに深く検討をした。

ユニバーサル・ミュージック事件の地裁判決は、経済的合理性基準といいながらも、従来の判断基準とは異なる視点が明確にある。控訴審で覆されるのではという声も聴く。

この判決が示したあらたな視点は、次の点にある。同族会社ならではの行為はあり得ることや、経済合理性の高低の問題を一般論として検討するのは適切でなく当該会社の経営破断の範疇であるものを税法は否認すべきでないこと、経済的合理性は税法上の問題だけでなく財務上の問題などさまざまな諸事情をみるべきことなど、企業側の主張をかなりくんだ視点である。こうした視点を不当性要件の判断に用いているのだが、その際にはヤフー事件の最高裁が使った「考慮事情と観点」という手法をうまく利用している。

ユニバーサル・ミュージック事件の地裁判決の視点をつきつめると、経済合理性があると当該同族会社が判断したのであれば（そしてそれを裁判所で立証できれば）、不当性要件は満たさない（否認できない）という結論にもつながる可能性がある。これを控訴審はどうみるのだろうか、注目である。

本書は、税法思考術である。そこで、この判決をわたしがどういうプロセスで読み考えたのかも、ざっくり記しておこう。記憶の限りであるが、次のとおりである。

まず、２０１９年6月27日に不当性要件を満たさないとして納税者勝訴の判決が地裁で出たことを、C誌の記事ですぐに知った。この週刊誌の記者をゼミ卒業生がしている。ありがたいことに、彼女が毎号研究室に献本してくれる。この段階では判決文はまだ一般にはみることができなかったのだが、研究室に来たそのOGから、その判決のことを聞いた。

これは面白そうだと思い、エンターテイメント業界志望で就活をしていたゼミ生に、卒論テーマとして勧めた。同事件を勧めたのは、彼女がエンタメ業界の就職を希望しておりそれにまつわる税法のテーマはないかと相談されていたからである。また、いま注目でまだ（当時は）評釈も存在しない判決が、新しいものに関心をもつ彼女のモチベーションにつながると思ったからである。

後期の大学院の演習クラスでは、最新の判例として紹介し発表者を募った。こうして、わたしがこの判決を初めて読んだのは、院生が演習授業で発表した昨年の10月ころである。

初読の段階ではスキームが複雑過ぎたのでそのあたりはざっくりと要点のみをみて、

判断基準（規範）を熟読した。すぐにヤフー事件との絡みが浮かんだため、院生の報告でもその点を指摘した。

知人から依頼された税理士の研究会での講演が同時期にあった。そのなかでユニバーサル・ミュージック事件を入れて「これは従来ない画期的な判断で、興味深い判決なんですよ」と話しをした。そのレジュメ作成のときに、さらに判決文を読み込み検討している。

その後、以上のプロセスから得た感覚を踏まえて、さきほどの連載記事を2回書き、さらに年あけ1月初旬に判例評釈の原稿を書いた。長めになり苦戦した。そのため、初校ゲラの際にも判決文の事実関係の詳細を熟読し、赤入れをかなりした。

さらに、次項でお話しをするセンター試験監督待機のときに作成した他大学の研究会のレジュメにも入れた。その際、スキームの概略図も作成した。

原稿を書く際は、最新の雑誌をチェックしている。その時点で存在している判例評釈は、図書館でコピーをし、それも読んだ。ただし、自分が気づいた観点を指摘しているものはなかったので、少しほっとした。

こうしたプロセスで、ユニバーサル・ミュージック事件の判決に対するいまのわたしの思考はつくられている。２０２０年度がこの4月から始まると、大学院や場合によっては学部ゼミなどで学生が発表する機会があるかもしれない。そのときにはまた初めて読む気持ちで判例を熟読し、そのときに存在している判例評釈も入手して読むことになる。この繰り返しである。

税務訴訟の代理人をしていたときに、自分で理論構築をした主張が裁判所（最高裁を含む）の判決に反映された、という経験をしてきた。

法解釈とは、クリエイティブな作業である。また、その誤りを指摘し、批判をすることは、訴訟活動をしてきた経験があるので、それなりに自信をもってできるのかもしれない。研究者の方は制度論（立法政策論）に領域を見出しているように感じる。訴訟実務の経験がある者の方が、税法の解釈論には強い面があるのかもしれない。

その源らしきものをもし知りたい方がいれば、本書のエッセイのはしばしにあらわれる日常が、もしかしたら参考になるかもしれない。

3

最後のセンター試験は、監督待機……。

大学入試改革についてさまざまな問題点が指摘され、報道された。決められていた方向性についても、いくつかの問題が生じたことから、結局、文科大臣が一部撤回の方針を示し、さらに混乱をきたした。

撤回されたものは、2020年度の入試から実施予定であった、共通試験に記述試験を導入することと、TOEICなどの英語の民間試験の評価を入試の材料として採用すること、の2点である。

弁護士時代には、とうの昔におわった大学入試のことなど、興味をもてなかった。5年前に大学教員になってからは、大学入試の問題を作成する委員になったこともあった。この入試改革については、各大学でも対応・検討がなされている。

大学に来てわかった。教育制度については、上のお役所からの指示を受け、現状の問題点を克服するために繰り返し改革が行われている。大学入試センター試験のまえにあった共通一次試験（通称）、来年度から実施予定の大学入学共通テストと、試験の名称は変わっているが、並べるだけでも似たような名前である。具体的にどこが違うのかもよくわからない。

2020年1月、最後のセンター試験の様子が報道されていた。前日夜には東京でも朝に積雪予報が出て、交通機関の乱れによる試験への影響が懸念された。そのため、

「なぜか雪が降るセンター試験」と、SNSでも話題になっていた。

そんな情報を得ていたのは、わたし自身がこの最後のセンター試験の監督待機者になっていたからである。試験監督は、自大学の入試ではないものの、各大学において開催される。そこでは各大学の教員が試験監督となり、職員とともに試験の実施運営にあたる。

大学に来るまで、大学教員が試験監督をやるとは知らなかった。試験監督は、センター試験、大学の各種入試、学内の定期試験とさまざまある。年間行事としてみると、かなりの数の監督を各教員は分担することになる。

大学に来た当初は、この各種試験監督の割り当てをみるたびに、とてもナーバスな気持ちになった。公平性確保のためにマニュアルが細かく決められており、そのとおりに行うことが必要になるのだが、それがふだんのクリエイティブというか、自由闊達に講義をしたり議論をしたり会議をしたりする業務と比べると、まったく違う緊張感を強いられるからである。

個性は認められず、台本どおりに行うことが求められる機械的処理である。何かの結果を出すことは求められない。間違いがあっては大問題になるという、いわば減点主義である。

こういう仕事が苦手なので、弁護士になった。そして、より自由があると思い大学教員に転身した。しかし、年中行事として試験監督があるとは、知らなかった。このような言い方が適切かはわからないが、創造性はゼロに等しく、ＡＩ（機械）がやることに最も適した仕事であると思う。

ふだん行っている動的な授業やゼミにおける講義や議論とも違うし、長時間にわたり開催される学内行政としての数多くある同僚との会議とも違う。これらに忙殺されほとんど時間がとれないままに、毎年、11月から12月にかけて睡眠時間を削り夜中と週末に執筆をすることになる研究（論文作成）とも違う。使うあたまが全く異なるので、試験監督が近づくとモードを切り替えることにしている。

マニュアルを読み込んだり、こんなことが起きたらこうしなければというイメージを事前にあたまにたたき込んだりしておかないと、会場で初めて会う多数の受験生のまえで監督者としてふるまうことは難しい。

ただ、大学入試の試験監督は、教員5年目となり、慣れたと思う。全国一律で何か起こせばニュースにもなるセンター試験と違い、大学独自の入試は大学内で完結している。毎年数件やっていれば、1年はあっという間であるから、慣れてしまう。

これに対してセンター試験は、そもそも、教員全員が担当するわけではない。一部の教員が、ローテーションで担当している。わたしは大学に来た初年度にセンター試験の補助監督（マイクで話すことはしないものの、教室の一部について監督者をサポートしながら、部分における監督業務を行う）をした。しかし、それ以降は担当していなかった。

4年ぶりのセンター試験となり、学内の説明会に12月に参加した。幸いなことに、わたしは「待機」になっていた。

待機というのは、監督者が当日欠席した場合に代わりに試験監督を行う割当てである。つまり、当日大学に来ることにはなる。しかし、監督者の欠席がない限り、監督業務はしなくてよい。欠席者といっても、まじめな大学教員は当日欠席などしない。大学教員である以上、学生のようにドタキャンやさぼりはないといってよい。風邪などのやむを得ない事情がない限りは、待機のまま終わる。

インフルエンザなどの重篤な風邪により一定数の欠席者はあるとしても、待機者もそれなりの人数がいる。欠席者の数が多くならない限り、待機者にまわってくることはあまりない。

というのが、大学に来てからの5年間で得た経験則である。ただし、一度だけ大学入試で待機であったのに、当日の朝、欠席者の代わりに試験監督をすることになったことがあった。それも大教室の主任監督（マイクで説明もする監督者）にあたり、心の準備がないなかで監督をした。冷や汗をかきながらも、無事に終えることはできたが……。

7、8割くらいの確率で、当日は待機するだけで終わる、はずである。しかし、残り、2、3割の確率で監督者をすることになった場合には、欠席者次第でどの教室のどの監督をふられるのかわからない。この点に、監督者の場合と異なる緊張感がある。結局、どのようなものにあてられても対応できるようにすることになる。前日も当日朝もマニュアルを読み込みつつ、大教室の場合、小さ目の教室の場合、主任監督の場合、補助監督の場合と、あらゆる場面をイメージしながら準備をしておいた。

幸い、積雪は23区ではほとんどなかった。交通機関への影響もなかったため、混乱することなく最後のセンター試験は終えられたようである。

わたしは、というと、朝は監督者のあつまる大学内の会場に集合した。そこで試験開始まで、1時間程度待機した。試験開始後は大学内の研究室に行き、試験終了の18時20分まで待機となった。

研究室は暖冬にもかかわらず雪予報があったくらいの日であったから、暖房を入れていても普段より寒かった。ふだんは研究室にずっといることはなく授業や会議やカフェなどを行ったり来たりしている。しかし、この日は朝から夕方までずっと研究室にいる必要があることもあり、寒くて不自由な1日を過ごした。

18時20分まで研究室待機というと、長いようにも思われた。しかし、実際には机上に設置しているパソコンのまえで、さまざまなものを作っているだけで、時間が経過した。

何をやっていたかというと、午前中は、今年の司法試験の租税法に出題されそうな論点を予測したメモを作成した。誰から頼まれたわけではないけれど、土曜日に1日研究室に待機という役割を与えられたことの縁かと思った。当日思いついて作成したのだが、これが9時30分ころからはじめて12時40分ころまでかかった。3時間程度パソコンに座り放しで、キーボードに入力し続けた。

判例の情報などもデータベースで検索しながらすべて正確に入力した。そして、それを自分のゼミの法曹志望者OB、OGのグループラインに送信した。弁護士時代から法科大学院で租税法の授業を持ち、春休みなどには勉強会も行ってきた。過去問の研究は繰り返し詳細にしてきた。選択者が少ない租税法であるものの、それなりの数の受講生に接し、司法試験合格者も出してきた。そのストックがあって、5年ほどまえから、「今年はここが出る」というのがわかるようになった。

その授業は勤務校が数年前にローを閉じたため、受講生が本年度はついにいなくなった。それで使う必要もなかったのだがゼミ生たちのために、いい機会と思いメモを作成した。他大学の優秀な法科大学院にみな通っている。直接教えることができないのが残念であるが、これ以上に忙しくなっても困る。

そんなこともあり、10年近くやってきたロースクールでの租税法の授業を思い浮かべながら、この春休みは『小説で読む租税法』を執筆することにした。12年前に第1弾が発売された『小説で読む』シリーズの第5弾になる。

メモを作成したあとは、センター試験担当者に配布される弁当をとりにいった。それを研究室に持ち帰り5分くらいで食べ、次は論文のゲラチェックをした。さらに、2月上旬に予定されている他大学の研究所が主催している研究会の講演レジュメの作成もした。

帰りは試験終了後、数分もすれば大学構内及び付近は大混雑が予想される。そこで、試験終了時刻の1分前に教室をでて、入試広報部にマニュアル等を返却し、さっと帰宅した。

外は寒く、真っ暗である。帰りの電車のなかでは、その日に作成した研究会のレジュメをプリントアウトしたものを読み込み、赤を入れた。帰宅したら、その赤を自宅のパソコンで修正をする。

夜中、というか朝4時過ぎまで、何かを書いている日常である。これは、早起きだったこの日も貫かれた。センター試験の監督待機といっても、ふだんの毎日と変わることはなかった。

むしろ、朝早い集合のため、長い1日となった。その長さを綴ってみた。本格的な思考術は、次項から始まる。

4

税務判例は数字も重要

大学院生の判例研究の演習や修士論文の指導の場面で、二次情報をベースにするものをみかけることがある。

例えばこうである。判例を読んで報告する際に、その評釈をしっかり読んでいるのはよいことである。しかし、レジュメに引用された取引関係などの図表が、ある判例評釈に記載されているものになっているという例がある。

もし出典を書いていなければ「引用元を明記して下さい」と注意することになるが、引用元があればよいかというと、そうではない。

なぜかというと、原典である判決文を読んで自分でまとめるべきものだからである。判決文の認定事実を読んで事実関係を図に整理する場合に、評釈者のまとめた図をみて参照するという発想がそもそも適切ではない。

もちろん、その図が非常によくできており、自分も参照したのでそれを参考にしたいという場合もあるかもしれない。しかし、判決文という一次情報を基礎に評釈者がまとめたに過ぎない図は、判決を読む際に参考になるとしても、自分の発表では、やはり自分で工夫して作成した図を使うべきである。

よくいわれる「二次情報ではなく、一次情報にあたろう」ということであるが、この意味を正確に理解できて、それを実践できる学生は意外と少ない。大学教員になってからの実感である。

これは、当事者の主張や裁判所の判断を図表に整理したものがある場合も、同様である。「これがわかりやすかったんですよ」という学生がいるが、それは自分の理解の際に役立てればよい。自分の判例報告にあたっては、やはり自分で図を作るべきである、とわたしは思う。

研究倫理や出典明記の問題を、あらためて本書で言いたいのではない。基本は一次情報によるべき、ということである。判例評釈が一次情報になるのは、その判決を読んで評者が独自の視点や意見を示している場合である。

その判例評釈に整理されている争点や認定事実や当事者の主張や裁判所の判断は、判決文の二次情報である。この点も、学生をみていると最初は誤解していることがあるから、要注意である。

一次情報にあたらないことで生じる問題がある。それは二次情報が間違っていた場合に、そのまま間違えてしまうことである。あたりまえのことだが、実務家の方も意外とやってしまっていることではないだろうか。

例えば、まえに述べたユニバーサル・ミュージック事件の地裁判決では、いくらの借入金があり、その支払利息としていくら損金に算入したかなどの数字も挙げた。

こうした数字は、例えば報道されたニュース記事などのソースをみれば、その概数が掲載されているかもしれない。あるいは、その判決の判例評釈を読めば、整理された数字が挙げられているかもしれない。

しかし、「その数字は、どこから来ているのか？」と考えてみよう。判決の事実関係であれば、原典である判決文に記載された認定事実になる。

その原典である認定事実を読まずに、他人が原典を読んで整理するなり計算してまとめた数字をそのまま鵜呑みにする。これは、正しい姿勢とはいえない。

もちろん、実務家は忙しいから、ざっと数字だけをニュースなどから拾ってクライアントに説明したいということはあるであろう。事務所内の会議でも、あの事件では……みたいな話をするときに、その場でスマホやノートパソコンで検索して「〇〇億円ですね」というような場面もあるであろう。

報道された数字という前提で議論をしているのであれば、問題はない。しかし、正確な数字を検討しようとなったときには、それでは物足りない。

やはり自分でデータベースや判決文を掲載した雑誌にあたり、事実認定を精査して数字をみつけるべきことになる。

これは、そのようにすべきという「理想論」ではない。自分のためにも、調べた方がよいという「方法論」である。

例えば、ユニバーサル・ミュージック事件で、おさえるべき数字は何か。それは、①借入金はいくらだったのか、②その支払利息の合計額はいくらだったのか、という2点になるだろう。

このときに、二次情報である判例評釈や判決の報道記事をあたれば、確かにその数字が載っているかもしれない。しかし、その数字が正しいかどうかの保証はないと思った方がよい。

特に判例評釈などはわたしもよく書く機会があるのでわかるのだが、まず、単純誤記のある場合がある。数字の把握に誤解がある場合もある。合計額を計算する際にミスが介在している可能性もゼロではない。なぜ誤りが起きるか。それは、こうした文章は基本的には一人で書かれているからである。

報道記事の場合は組織的に他者の細かなチェックが入っている。この点で、数字の誤りがある可能性は低いといってよい。しかし、追徴課税額は約○億円であるとか、そういった数字の場合、その内訳が示されていないことも多い。本税がいくらで、加算税がいくらで、延滞税がいくらでなどである。また、通常は加算税も含まれていると思われる。しかし、現実にはどこまでを含めた数字なのか、その定義も示されていないことも多い。さらにいえば、追徴課税は通常複数年分に及ぶから、その合計額はわかっても年ごとの数字はわからない、ということになる。

そこで、ユニバーサル・ミュージック事件の地裁の判決文を読んでみよう。①借入金額については、「前提事実」の欄をみていくと、「借入金額（８６６億円６１３２万円）」とある。これは根気よく判決文を読んで探せば、比較的容易にみつけることができる。

これに対して、②支払利息になると、すぐには数字をみつけることができない。どのように記載されていたか。よくみると、「前提事実」のなかに、「本件各事業年度において、原告が損金の額に算入した支払利息（本件利息）の額、原告が本件借入れに基づき実際に支払った利息の額及び未払利息の残額は、次表のとおりである」という一文がある。この文章をみつけることが、まず必要になる。ただこれを読んでも、更に読解が必要になる。

まず、本件各事業年度については、そのまえに定義がされているからそれをみればわかる。しかし、みつけたい情報は、「原告が損金の額に算入した支払利息（本件利息）の額」であること、その額は「次表」としてそのあとに記載されている「別表２」にあることを読み取ることが必要になる。

さらに、ここで労を惜しまず、「別表2」をみるのである。データベースによっては、別表へのアクセス方法も知っておくべき必要があるものもあるから、そのあたりも技術が求められるかもしれない。

こうして「別表2」にたどりついても、まだ本件各事業年度の支払利息の合計額は、この判決文からはじつはわからない。なぜかというと、別表には、平成20年12月期から平成24年12月期の各事業年度ごとの利息額が表に記載されているだけで、その合計額は記載されていないからである。

それだけではない。この表には、3種類の利息額が掲載されている。表の上の部分をみると、「本件利息額」「実際支払額」「未払利息残額」とある。これがさきほどの文章に対応していることを、ここで確認する必要がある。

そうすると、「ああ、この最初にある『本件利息額』が、損金算入されたものか」とわかる。しかし、その表をみると、それぞれの数字が、数十億円なのだが1円単位で記載されている。

随分大きな数字だが、これを電卓を使って合計しないとならない。こうして合計すると、損金算入された支払利息の合計額がようやく出てくる。誤りがないか何度か計算し直して確認することも必要になるだろう。

実際、前述のB誌の判例評釈を書いたときには、このようなプロセスを経て電卓をたたいて計算をし、何度も確認もした。こうした作業を経て、次の文章になるB誌の判例評釈に書いた文章の引用になる。

「本件各事業年度において、Xが損金の額に算入した支払利息（本件利息）の額は、平成20年12月期が10億4763万9069円、平成21年12月期が44億1081万6562円、平成22年12月期が39億0648万3229円、平成23年12月期が39億0648万3228円、平成24年12月期が38億1329万7033円であり、その合計額は170億8471万9121円であった。」

170億8471万9121円が、答えである。端数があるので、約170億円といってもよいかもしれないし、四捨五入して約171億円といってもよいかもしれない。

税務訴訟の判決を理解するためには、こうした数字の確認が意外と重要になる。

先日、院生が演習授業で発表した判例に、弁護士の着手金及び報酬金を事業所得の金額の計算上、どの年分に計上すべきかが争われた事例があった（東京高裁平成20年10月30日判決・税資258号順号11062）。いわゆる収入の年度帰属の問題である。

判例はこの問題について一般的には収入した時ではなく、収入の原因となる権利の確定した時であると解している。いわゆる権利確定主義である。

弁護士の着手金や報酬金が争われた裁判例は、あまりないと思う。この判決の第1審をみると、権利確定主義を機械的に適用し、⑴着手金は受任時、⑵報酬金は事件終了時（請求した時）という特約がある場合は例外的に請求時）という解釈を示していた。

権利確定主義の本質的な考え方からすると、その論理にはにわかに賛同できない部分があった。近く連載記事で取り扱おうかと思ったところである。事案の捉え方という点でみると、この弁護士はどの年分をみても、1億円以上の事業収入があるのである。

そうした数字は争点には上がってこない。それで、一般論としての抽象的な法解釈だけについ目がいってしまう。しかし、別表の数字をみると「なるほど、これだけ稼いでいる弁護士さんだったのか」とわかる。

だからといって、さきほどの解釈がよいかは個人的には疑問がないわけではない。

しかし、こうした数字も、裁判官はみているはずである。判例研究をする際には、見落としてはならない点といえる。全体像を把握するためには、周辺の事実をみておくことも必要になる。

5 税法の歴史を学ぶ──『租税史回廊』を読んで

税法の新刊については、発売予定のものも含めてまめにチェックしている。アマゾンの書籍検索で「税法」と入れてみると、新刊予定のものも出ている。研究費は研究室の消耗品、専門誌の定期購読費用、学会費のほかは、書籍くらいしかあてていない。それで、研究対象の税法の新刊について、どんなものがこれから出るのかをみているのである。

『租税史回廊』（中里実著・税務経理協会）が昨年11月に発売されたことは知っていたし、発売前からもアマゾン情報で存在を認識していた。雑誌で連載されていたものを読んだこともあったので、それをまとめた本なのかなという印象をもっていた。連載はコラム的でそれほど多い分量ではなかった記憶だったので、1冊の本にまとまるのが早いなと、若干驚いてもいた。

といいながら、本書を購入したのは今年の1月中旬ころであった。発売されたあとに、書店の税法コーナーでも面陳されているのをみかけていた。ただ、「歴史」がテーマの本ということもあった。それでふだんの教育・研究の対象から少し外れているかとも思い、購入をためらっていた。

年度末も近くなり、研究費の残高も知った。そこで過去の古稀記念論文集など、ふだんは該当論文を図書館で探してコピーするような高めのものも含めて、この機会に思い切って購入することにした。そのときに、まえから気にはなっていた『租税史回廊』も、ようやく購入することにしたのである。

手にとってみて、まずその分厚さが目についた。これは連載原稿だけでは足りないのではと思ったが、開いてみると理由がわかった。連載だけでなく、著者が他に掲載公表してきたさまざまな記事もまとめていたのである。

目次をみてみると、じつにさまざまな項目がある。「歴史」と思っていた印象が少し変わった。これは税法全般のトピックを歴史にもからめて書いた体系書なのである。そのことを、本の目次から理解することができた。

まず、興味をもった項目の目次欄にピンク色のマーカーを塗ると、その部分を大学近くのカフェで読んでみた。愛用するスタバである。10項目くらい挙げたのだが、思いのほか読みやすい。1項目が短い文章でまとめられているため、30分程度で全部読むことができた。

短文なのに、内容がとても面白かった。古典的な所得概念や申告納税制度、所得税と法人税の関係などから、最新の国際課税の問題までじつにさまざまなトピックが挙げられている。それらのどれもが、著者の中里節で書かれている。簡潔なのに、情報量は意外と多い。さらりと触れられた歴史も示唆に富むから、新鮮な気持ちで読めた。

どの教科書にも説明されている基本概念でも、説明の仕方に中里先生らしさが出ている。それで、つい先が読みたくなる。こうして、あっという間に最初ピンクマーカーを塗ったトピックを読み終えてしまうと、その余韻にひたりながら研究室に向かった。

著者の中里実教授は、税法にたずさわる人で名前を聞いたことのない人はいないであろう。ここ数年は、政府の税制調査会の会長もされているから、たまにテレビのニュースでも総理とともに映像が映ることもある。

中里先生とは、弁護士時代にお会いする機会がしばしばあった。税務訴訟などの案件の相談にのっていただいていたからだ。

わたしが弁護士（実務家）から大学教員（研究者）に転身したのは5年前である。40歳にして転身とは、ふつうに考えると、あまりないことであろう。もともと目指していたわけでもない。そもそも大学院すら出ていないし、行こうと思ったことすらなかった。弁護士として本も数十冊書き、専門分野でもそれなりに名前は知られていたと思う。

それがある先生から声をかけられたからではあるが、税法研究の側に来ることができたのは、中里先生をはじめ、実務家の時代から税法学者の方とお目にかかる機会が多かったこともあると思う。

実践的であり実務との接点が書くことのできない学問分野である税法（租税法）は、実務家でも研究論文を書いている方もそれなりにいる。また、学者（研究者）にも税務訴訟で意見書などを積極的に書かれ、裁判実務に関与されている方が結構いる。

大学に来てから忙しいこともあり、先生とお会いする機会はすっかりなくなっていた。しかし、この本がとても面白かったので、先生に久しぶりにメールを書いてみることにした。

先生のアドレスは検索したらまだ残っていた。最後のやりとりが5年ほど前であったが、感想をお伝えすると、すぐにその日の夜にはご返信をくださった。また、大学教員になりあっという間に5年たったが、研究者の方の論文の秀逸さにはあたまが下がる思いでいて、実務家出身としてやれることをやるだけです、というような言葉を添えたところ、ご丁寧にいろいろアドバイスもくださった。

それは実務家出身かどうかは税法の研究には関係はないと思うというようなこと、若いうちに大学に来て5年もたったのであればもう十分のはずというようなこと、などであった。多数の院生や学部ゼミ生などの教育及び学内行政に忙殺されている旨をお伝えすると、「気長にやりましょう」というお言葉も頂戴した。

その瞬間、先生の豪胆な笑顔が浮かぶようであった。考えてもみれば、先生とは法律事務所で所長の鳥飼重和弁護士とともに、東日本大震災に遭遇した。ある案件で打ち合わせをしていたのだが、ちょうどそのときにあの大地震に東京が襲われたのである。

これも何かのご縁かもしれないと思い、先生への感謝もこめてツイッターで『租税史回廊』の感想をつぶやいた。税法がらみのフォロワーがそれなりにいるので、宣伝効果もあるかもしれないと思ってのことだが、反応が結構あったようである。

ただ、次の日の午前に「A社ではないですよ」というコメントをみつけた。完全に誤解していたのだが、中里先生の本はAという出版社が多かったので、誤解して、ツイートに誤った出版社名を書いてしまっていたのである。

指摘を受け、間違いに気づいた。ツイートを削除し、出版社名だけ変えたものを再度ツイートした。フェイスブックには投稿後の修正機能があるが、ツイッターにはない。修正ができればよいのにと思うのだが、ツイッターは炎上して問題視されるニュースソースになることも（著名人の場合か、問題事件があった場合であるが）多いから記録は変えられないのだろうか。

この『租税史回廊』であるが、金子宏先生のエピソードなども織り交ぜられている。

「かつて、金子宏先生から、先生の教科書『租税法』の最初の、歴史に関する部分の執筆には長い時間がかかったという話をうかがったことがある」という一文もある（同書5頁）。税法のバイブルである金子租税法の完成秘話のようで、面白かった。

実際、この歴史の部分を、わたしは『教養としての「所得税法」入門』（日本実業出版社、２０１８年）を書いたときに読み込んでいた。その他の所得税法誕生などの歴史に関するかなり分量のある論文や本も大量に読んだ。そのときの実感として、歴史の部分は調べるのにかなりの時間がかかるというのがあった。

そのことも思い出し、なるほどやはりなと思った次第である。コラム的にみえる面もあるかもしれない。しかし、実務家は忙しい。肝を据えて気持ちを整えないと分厚い本を読む態勢になかなか入れない。難しい研究論文を読むよりも、実務家の方にとっては親しみやすいと思う。税法にたずさわる人であれば、必読の書であろう。

本を読むことで、歴史を紐解くこと、著者の知見に触れることは、思考を活性化する作用がある。だから本を読もう、というと前著のタイトルにつながってしまうかもしれない。

6

共同事業の所得が判断された裁判例を考える

月刊誌で税務判例を解説する連載をはじめて、1年ちょっとになる。月1なので、年に12本の判例を紹介することになる。この連載のまえは憲法に関する税務判例の連載もしていた。テーマは微修正したものの、合わせると大学教員になるまえから連載している。もう、6年以上はやっているのではないか。

月1の連載は大変ではないかと思われるかもしれないが、慣れてしまうとそれほどではない。文字数も見開き2頁のみで4000字程度なので、1日もあれば書き始めてすぐに完成できてしまう。

もっとも、素材となる判例を読み込む必要はある。これも連載メモとして、先の7、8回くらいまでは予定判例を入力しており、あらたに候補判例をみつけたらすぐにデータ上のメモに追加している。

最新判例なので、最近だと平成30年とか令和元年のものが多い。しかし、こうしたものはまだ判例評釈がない場合や、少ない場合も多い。研究が少ないと、いきなり検討を加えるのは勇気がいると思われるかもしれない。しかし、弁護士時代に税務訴訟で行ってきた主張は、そもそも判決になるまえの段階であった。そこでクリエイティブに理論を考えた書面を書いてきた。

法解釈ができなければ、法学者とはいえないであろう。法学者は歴史や政策論に重きを置く人が多い印象である。特に諸外国の法令との比較法を好むのも、この国の法学の伝統のようである。

そのあたりは疎いが、弁護士時代に学者に対して思ってきたことがある。それは、「裁判に資する法解釈を、もっときちんとやって欲しい」ということであった。

アメリカではこうなっているとか、ドイツではこうなっているとか言われても、そもそも日本の税制は確固たる我が国の法律と政令と判例理論ででき上がっている。明治時代の法律後進国の時代は、とうに過ぎ去っているのである。

ましてや税法については、所得税法であれば１８８７年（明治20年）に制定されてから１３０年以上の歴史がある。所得区分のないアメリカと比べても、制度が違っている。イギリスと比べても、シェデュール制の分類所得税は現在の所得税制では採用されていない。もちろん、北欧型の二元的所得税の制度も日本では採用されていない。長い歴史のなかで、日本では独自の税制が構築されている。それは毎年の改正で、がちがちに長文によるルールが法律で定められている。しかし、その解釈を活用した課税処分がなされると、企業も納税者も予想外の課税をされることがあり、訴訟になる。

その際に、例えば、所得税法12条の解釈をするとなれば、実質所得者課税を定めたこの条文の沿革やこれまでの判例や、学説などをみながら、事例に即した解決をするための解釈を探るしかない。

それを弁護士が訴訟で法創造的に理論立てを行うのは、じつはなかなかハードルが高いと思う。わたしはもともと、弁護士のなかでも法解釈が得意だったと思う。また、性格上、他人を気にせず（先例も気にせず）思うところを理論構築し、裁判所に法解釈の主張をすることもできた。

弁護士の場合、優れた理論だと思って書面に主張をしても、それを裁判所が採用してくれなければ、判決文の「当事者の主張」に簡潔にまとめられて終わりである。ところが、学者の見解は少数説であっても、民集や刑集登載の判例の調査官解説にも取り上げられて、詳細な検討すらしてもらえることがある。

この点が、実務家から研究者になることのメリットであると個人的には思っていた。そのため、雑誌の連載記事などをはじめとした、最新の判例の評釈にはある可能性を感じ、執筆を続けている。それは、確定判決の場合でも、それでも後に続く類似裁判例に影響は与えられる可能性があること、未確定判決の場合には上級審の判断に影響を与えられる可能性があることなどである。

連載に最近取り上げたものに、共同事業から得られた利益の所得区分の判断が示された裁判例があった（東京地裁平成30年1月23日判決・裁判所ＨＰ）。

納税者が一部（訴訟費用の負担割合からすると1割程度）勝っている、一部認容判決である。判決文を読んで最初に気づいたのは、納税者代理人がかつての同僚だったことである。

かつての同僚が代理人をした裁判の評釈を書くのは、なんとなく避けたい気持にもなる。しかし、一部だが認容されている。それにわたしが書くのは判決の解釈の理論面についてであるから、よいかなと思い執筆をした。

所得区分の判断は、いまでも争いが絶えない。それは、10種類が用意され区分ごとに所得金額の計算等が異なり、最終的に計算される所得税額に違いが生じる仕組みが採られているからである。

しかし、税制には公平・中立・簡素という3要素の要請がある。所得区分が複雑になっているのは、この簡素の要請には反する。しかし、消費税率に軽減税率が導入され複雑化したことにも理由があるように、税制の簡素が交代し複雑化するときには、通常きめこまやかな担税力に応じた公平な税負担の要請が働いている。

つまり、公平の要請を高めていくと、簡素ではなくなるという宿命が税制にはある。しかし、近年の配偶者控除や基礎控除などの改正は、計算を説明することが困難なほどに複雑化した。大した収入を得ていない給与所得者の年収に細かな段階を設定してきめこまやかな税制を採ることは簡素でなく複雑化をするだけでない。大局からみたときには、公平性の観点からもそこまで細かくすることに意味があるのだろうかという疑問も残る

いずれにしても、所得区分の判断については、どのような原因で所得を得たのか、その理由や性質によって所得の種類を異ならせることで、公平な所得税の負担を図るという意味がある。

こうして最高裁が明確な言葉を使ったのは、りんご生産組合の平成13年判決からである（最高裁平成13年7月13日第二小法廷判決・訟月48巻7号1831頁）。そこでは、「実質的にみて判断すべき」という考え方が採用されている（木山泰嗣「所得分における税法解釈のあり方」青山法学論集59巻4号（2018年）71頁参照）。

これが、近時の地裁レベルの裁判例で、明確に表現されるようになってきた。この共同事業者の所得区分についても裁判所は、判断基準を明示している。この点に本判決の新規性があるのだが、実質主義で考えることが明確に示されている。次の判示である。

「所得税法は、公平負担の観点から、納税者の所得を、その源泉又は性質によって10種類に区分し、担税力に応じた計算方法等を定めているところ、かかる所得区分の判断に当たっては、当該利益が生み出される具体的態様を考慮して実質的に判断されるべきものと解され……（以下略）」（前掲東京地裁平成30年判決）。

別の観点を指摘すると、平成27年の匿名組合の所得区分について判断をした最高裁判決（最高裁平成27年6月12日第二小法廷判決・民集69巻4号1121頁）が、明示はされていないが参照されているようである。というのも、共同事業者と共同経営をしていると評価できる場合にはその共同事業者の所得に従い所得区分を判断し、そうではない場合には自己が得た所得の性質で所得区分を判断するとしている点が、類似しているからである。

もっとも、最高裁平成27年判決は商法上（法律上）の組合組織についての判断であった。それなのに、組合ではない場合にも類推できるのか、という問題はあるかもしれない。そんなことを簡潔に指摘して、連載原稿は終えた。

租税法律主義といっても、判断基準については税法にはほとんど記されていない。これは民法、商法、会社法などの私法でも通常のことである。

どのように判断すべきなのかは、判例により明らかにされる。これが、この国の法解釈の通常のあり方である。

ユニバーサル・ミュージック事件もそうであったが、近年の税務判例をみると、判断基準を詳細に明示してからあてはめをするものが急増している。

判例理論で判断枠組みが明確になればなるほど、どのような課税がなされるかを予測しやすくなるであろう。

専門家にとっては、判例の基準からすると事前にどのような証拠を準備しておけばよいかも予測が立てやすくなる。

ちなみに、東京地裁平成30年判決は、(1)所得区分は実質的に判断すべきこと、(2)共同事業の所得区分は共同事業性という地位があるか否かで二段階に分けて判断すべきこと、だけでなく、(3)その地位についての判断基準も判示している。

「当該利益の分配を受ける者が上記地位を有するものといえるかどうかは、当該事業に至る経緯、当該事業に係る合意内容、当該事業に対する関与の程度等を総合して実質的に判断するのが相当である」という判示部分である。

こうした考慮事情（考慮すべき要素）も具体的に挙げてから、あてはめをする判決が、この数年の税務判例で顕著に増えている。

課税問題も法的に捉えるべき時代が、到来している。

7

判断基準とは何か？①

―平成27年に生じた分岐点（判断基準の複雑化傾向）

判断基準が詳細に示される判例が増えている、という指摘をした。具体的には、どのようなものがあるのか。この点について、お話したいと思う。

印象としては、特に平成20年代後半から平成30年代（令和年代）に顕著なのだが、税務訴訟の判例に変化が起きた。要件の解釈をするだけではなく、どのような要素を考慮してその該当性を判断すべきかを具体的に明らかにしたものが増えている。

これは最高裁判例で平成20年代後半にあらわれ、それが地裁・高裁という下級審にも余波が広がった。このように、わたしはみている。論拠を示そう。

平成27年の最高裁判決に、さきほどの航空機リース事業を行っていた匿名組合の所得区分の判例のほかに、米国デラウェア州のLPS（リミテッド・パートナーシップ）の日本の税法上の法人該当性の判例がある。

いずれの判決も、その判断基準が複雑化している。平成27年当時に判決を読んだときは、非常に難解な判例が出たなという印象を持った。翌年のヤフー事件最高裁判決も同様であった。しかし、判決後に刊行された調査官解説とあわせて読むことで、理解を深めたうえで、判決文を何度も読んでいるうちに、だんだんとこのスタイルにもなじんできた。

ここで難解そうにみえる判断基準を引用するのには、躊躇《ためら》いもある。しかし、具体的に示さないと、イメージがわかないだろう。そこで、いま挙げた３つの最高裁判決の判断基準を順に、あえて引用してみたいと思う。

まず、匿名組合の最高裁平成27年判決は、次のとおりである。

「匿名組合契約に基づき匿名組合員が営業者から受ける利益の分配に係る所得は、当該契約において、匿名組合員に営業者の営む事業に係る重要な意思決定に関与するなどの権限が付与されており、匿名組合員が実質的に営業者と共同して事業を営む者としての地位を有するものと認められる場合には、当該事業の内容に従って事業所得又はその他の各種所得に該当し、それ以外の場合には、当該事業の内容にかかわらず、その出資が匿名組合員自身の事業として行われているため事業所得となる場合を除き、雑所得に該当するものと解するのが相当である。」（最高裁平成27年６月12日第二小法廷判決・民集69巻４号１１２１頁）

この最高裁の判断基準は、共同事業の所得区分について最近下された東京地裁平成30年判決で応用されている。このことは、すでに述べた。

次に、ＬＰＳの最高裁平成27年判決であるが、次のとおりである。

「……外国法に基づいて設立された組織体が所得税法２条１項７号等に定める外国法人に該当するか否かを判断するに当たっては、まず、より客観的かつ一義的な判定が可能である後者の観点として、〔１〕当該組織体に係る設立根拠法令の規定の文言や法制の仕組みから、当該組織体が当該外国の法令において日本法上の法人に相当する法的地位を付与されていること又は付与されていないことが疑義のない程度に明白であるか否かを検討することとなり、これができない場合には、次に、当該組織体の属性に係る前者の観点として、〔２〕当該組織体が権利義務の帰属主体であると認められるか否かを検討して判断すべきものであり、具体的には、当該組織体の設立根拠法令の規定の内容や趣旨等から、当該組織体が自ら法律行為の当事者となることができ、かつ、その法律効果が当該組織体に帰属すると認められるか否かという点を検討することとなるものと解される。」（最高裁平成27年７月17日第二小法廷判決・民集69巻５号１２５３頁）

調査官解説を読まないと、この2段階の判断基準はわかりにくいが、〔1〕と表記された部分が外国私法基準説で、〔2〕と表記された部分は内国私法基準説である。両説の統合であることは、調査官解説にも説明されている（衣斐瑞穂「判解」最高裁判所判例解説民事篇平成27年度（下）349頁）。

さらに、ヤフー事件の最高裁平成28年判決をみると、次のとおりである。

「同条にいう『法人税の負担を不当に減少させる結果となると認められるもの』とは、法人の行為又は計算が組織再編成に関する税制（以下『組織再編税制』という。）に係る各規定を租税回避の手段として濫用することにより法人税の負担を減少させるものであることをいうと解すべきであり、その濫用の有無の判断に当たっては、〔1〕当該法人の行為又は計算が、通常は想定されない組織再編成の手順や方法に基づいたり、実態とは乖離した形式を作出したりするなど、不自然なものであるかどうか、〔2〕税負担の減少以外にそのような行為又は計算を行うことの合理的な理由となる事業目的その他の事由が存在するかどうか等の事情を考慮した上で、当該行為又は計算が、組織再編成を利用して税負担を減少させることを意図したものであって、組織再編税制に係る各規定の本来の趣旨及び目的から逸脱する態様でその適用を受けるもの又は免れるものと認められるか否かという観点から判断するのが相当である。」（最高裁平成28年2月29日第一小法廷判決・民集70巻2号242頁）

この判断基準は、組織再編成の行為計算否認規定（法人税法132条の2）の不当性要件をみるためのものだから、本来はシンプルな要件のはずである。しかし、いまみたように、判例で明らかにされた基準は長文で、複雑で詳細である。この点については、最近のユニバーサル・ミュージック事件の東京地裁平成30年判決で応用されていた。この点も、すでに述べた。

ひとつひとつについて解説はしないが、1つの要件の該当性を判断するために、最高裁は平成27年、28年にこうした複雑な、しかし逆にいえば具体的な判断基準を提示したことになる。これを「判断基準の複雑化傾向」と、わたしは呼んでいる。変化の分岐点は、平成27年である。

その余波が地裁、高裁の裁判例にも、広がっている。その例が、共同事業と所得区分の東京地裁平成30年判決であり、ユニバーサル・ミュージック事件の東京地裁令和元年判決である。

8

判断基準とは何か？②

―競馬事件を素材に考えてみる

平成27年には、もう1つ著名な最高裁判決が下されている。それが競馬事件（大阪事件）の最高裁判決である（最高裁平成27年3月10日第三小法廷判決・刑集69巻2号434頁）。

「大阪事件」と呼ぶのは、平成27年の最高裁判決は大阪の会社員が競馬所得を申告していなかったことを理由に起訴された刑事事件であったからである。その後に同種の競馬所得の事件が、全国各地で起きている。

最高裁レベルでいうと、札幌の公務員の競馬所得についての行政訴訟が、平成29年に最高裁判決として下されている（札幌事件。最高裁平成29年12月15日第二小法廷判決・民集71巻10号2235頁）。

大阪事件が示した最高裁平成27年判決では、一時所得の1つの要件について判断基準が示された。この基準は、さきほど挙げた3つの最高裁判決に比べると、比較的シンプルで、それほどの複雑さは感じられない。

具体的には、「所得税法上、営利を目的とする継続的行為から生じた所得は、一時所得ではなく雑所得に区分されるところ、営利を目的とする継続的行為から生じた所得であるか否かは、文理に照らし、行為の期間、回数、頻度その他の態様、利益発生の規模、期間その他の状況等の事情を総合考慮して判断するのが相当である」という判示であった。

一時所得に該当するためには、３要件を満たすことが必要になる（所得税法34条１項）。さっくりといえば、①除外要件（他の８種類の所得に該当しないこと）、②非継続要件（継続性がないこと）、③非対価要件（対価性がないこと）の３要件である。

このうち、②非継続要件については、「営利を目的とする継続的行為から生じた所得以外の一時の所得」という文言で所得税法には規定されている。競馬所得がこれを満たすかが問題になった。この点について平成27年判決で、いまみたような判断基準を最高裁が初めて示した。

ところが、そのあとのあてはめにおいては、大阪事件に特殊な自動購入ソフトの利用や、個々の馬券の購入の際に判断をしない網羅的な購入に着目しながら、結論を導いている。このようにみえる部分があった。

そこで、そうではないケースであった札幌事件の場合には、同じ結論にはならないと、課税庁は主張した。具体的には、自動購入ソフトを利用せず、かつ、レースごとに判断を行い網羅的な購入ではない事例なので、②非継続要件を満たさず、雑所得になる、という主張である。また、そのため、外れ馬券の購入代金も所得金額の計算の際に控除できる、という主張であった。

そして、大阪事件（最高裁平成27年判決）とは、事案が異なるから、雑所得にはならないという主張が、札幌事件の第1審では採用された。通常の競馬所得と同様に一時所得になり、外れ馬券の購入代金を所得金額の計算の際に控除することはできない、というものである。

ところが、控訴審では判断が覆される。大阪事件と同様に雑所得にあたる（②非継続要件を満たさない）という判断がなされた。その上告審が、「札幌事件」の最高裁平成29年判決になる。

この最高裁平成29年判決の判例評釈の執筆依頼を、法律雑誌から受けた。期限であった昨年の1月に原稿を書いて、掲載は5月にされた。

そのときに分析をして思ったのは、最高裁平成27年判決（大阪事件）の②非継続要件の判断基準にある諸要素が「漠然としていて明確でない」、ということだった。

具体的には、「行為の期間、回数、頻度その他の態様、利益発生の規模、期間その他の状況等」という要素である。条文の文言からみて、この基準は、分析的にみると、継続的行為（継続性）についてみる前者（「行為の期間、回数、頻度その他の態様」までの部分）と、営利目的（営利性）についてみる後者（「利益発生の規模、期間その他の状況等」までの部分）に分かれている。

この点は、最高裁平成27年判決の調査官解説に説明がされていたこともあり、このように理解していた（楡井英夫「判解」最高裁判所判例解説民事篇平成27年度272―273頁参照）。

調査官解説を読むことは、いまどきの難解な税務判例の判断基準を理解するためには、必須になっている。もちろん、もともと先例の理解に調査官解説が重要なのは、税法に限られない。このことは、従前から変わっていない。しかし、あわせて読まないと判決文だけでは理解が難しいものが、平成27年以降の税務判例に顕著な傾向があらわれている、ということである。

札幌事件の最高裁平成29年判決は、次のようなあてはめをして、自動購入ソフトの利用はなくても、また、網羅的な購入でなくても、②非継続要件を満たさないと判断した。このことについては、事例限りでの理解はできても、「他の事例をどのようにみたらよいのかは、必ずしも明快ではない」という問題が依然として残る。

そのような感想をもちながら、もやもやしながら判例評釈を書いた。その後、「法曹時報」に掲載された最高裁平成29年の調査官解説では、この点について非常にクリアになる解説がなされていた。

さきにみた非継続要件の各要素を分析した図表が、詳細に掲載されていたからである。最高裁平成27年判決（大阪事件）と、最高裁平成29年判決（札幌事件）のそれぞれのどの事実が、どの要素にあたると評価されたのかが、綺麗に整理されている（三宅知三郎「判解」法曹時報71巻5号（2019年）1134頁）。

具体的には、「期間」「回数・頻度」「その他の態様」「利益発生の状況」の4つに分析され、かつ、「その他の態様」は更に「方法」「選別」「購入額」「網羅性」に分けられ、「利益発生の状況」は「規模・期間」と「その他の状況」に分けられている。

その表によれば、自動購入ソフトや網羅的な購入はあくまで「網羅性」を評価した1つの事実とされている。また、札幌事件の「各レースの着順を予想し、回収率が高まる購入パターンに従い、自ら購入」したことと、「偶然性の影響を減殺するため、ほぼ全てのレースでの購入が目標」とされたことも、「網羅性」を認める事実として整理されている。

競馬所得については、この表があっても依然として、さまざまな問題が残されている。具体的に、いくつか挙げておこう。①大量の購入をネットで始めた最初の年の競馬所得は何所得になるのか、②継続して複数年にわたり大量に馬券を購入したとしても、一部に赤字がある場合にはどのように評価するのか、③同じ人間の競馬所得なのに、ある年には一時所得となり、ある年には雑所得になるということはあるのか、④

そうでないのであれば、そもそも複数年分を事後的に総合してみないと判断できないことになるから、相談をされた税理士はどのように対応すればよいのか、などである。

つまり、いまだに判断はクリアにできる状態ではない。その意味では、競馬所得については、通常の所得区分の判断では対処しきれないものと考え、特別な立法の手当をして明確な課税の方針を定めた方がよいようにも思う。しかし、一時所得の非継続要件について最高裁が示した複数の要素について、どのようにみるべきかについては、一応明らかになったといえる。

法文に記載された課税要件を具体的な事実にあてはめることで、それらの要件をすべて満たす場合に課税される。これが、租税法律主義である。こうして「法律」による課税がなされる現代においては、個々の要件の意味を明らかにするだけでなく、どのような基準で該当性を判断すべきなのかという判断基準（判断枠組みともいう）が重要になる。

最高裁をはじめとした裁判所はそのような認識の下で、近時、急速にその判断基準を詳細化する作業を始めるようになったのかもしれない。

以前の税務判例は要件の意義も明らかにされずに、あてはめだけがされたものも多かった。また、つい最近までの税務判例は要件の意義は一応示しても、その判断基準や考慮すべき要素などは示さないままにあてはめるものがごく普通であった。

その意味で、次に、必要経費についても近時の判例をみたいと思っている。これはインターネットを利用した大量の馬券購入や、アメリカのLPSを使った節税といった新しい問題ではない。古典的な必要経費該当性についても、判例は進化した基準を明示するようになってきたのである。

これは、果たしてよいことなのだろうか。答えはない。しかし、「判例の個別性」（当該事件の解決のためにのみ判決はある）という原則（建前）とは別に、レイシオ・デシデンダイ（判決の規範的理由付け）については、類似の事件にも事実上参照されることになる。こうした「判例の先例性」の理解の重要性という観点でみれば、判断基準の複雑化には意義が認められる。このことは、間違いない。

9

判断基準とは何か？③
―近年の必要経費の裁判例をみる

平成27年の最高裁判決から変化を遂げた税務判例の「判断基準の複雑化傾向」は、その後の下級審の裁判例にも影響を与えている。

ユニバーサル・ミュージック事件の不当性要件の判断基準に「考慮事情」と「観点」が取り入れられたのは最高裁平成28年判決（ヤフー事件）の影響があると考えられる。また、共同事業の所得区分の2段階に分けた判断基準は、最高裁平成27年判決（LPS事件）の影響を受けていると指摘した。

これにとどまらず、平成30年の裁判例に、債務免除益の所得区分の判断基準を示した判決（東京地裁平成30年判決）がある。また、必要経費の判断基準を示したものに大阪地裁平成30年判決がある。いずれの判決も連載で取り上げたのだが、検討の際、やはり判断基準の詳細化現象があらわれていると感じた。

まず、債務免除益の所得区分である。債務を免れたことで生じる経済的利益が所得にあたることは、所得税法36条1項が金銭に限らず「経済的な利益」も挙げていることから所得にあたると解されている。その所得区分について裁判例は、これまで統一的な基準は設けることなく、給与所得、事業所得、一時所得、不動産所得、配当所得などの該当性を個別に判断してきた。

しかし、一般的にどのような観点をみて債務免除益の所得区分を判定すべきかの基準が明らかにされることはなかった。これを明らかにしたのが東京地裁平成30年判決である。さきにみたいくつかの判決ほど複雑ではないが、判断基準がないままにそれぞれの所得区分の要件該当性のあてはめがされていたこれまでの裁判例と異なり、そもそも債務免除益の所得区分の判断の仕方を示したのが特徴といえる。

判示内容は、次のとおりである。

「所得税法は、公平負担の観点から、納税者の所得を、その源泉又は性質によって10種類に区分し、担税力に応じた計算方法等を定めているところ、かかる所得区分の判断に当たっては、当該所得に係る利益の内容及び性質、当該利益が生み出される具体的態様を考慮して実質的に判断されるべきものと解され」るとして、まず、所得区分の判断のあり方について実質主義が採用されることが確認された。これは従前の判例の流れを踏襲しているといえる。その上で、「借入金の債務免除益の所得区分の判断においては、当該借入れの目的や当該債務免除に至った経緯等を総合的に考慮して判断するのが相当である。」（東京地裁平成30年4月19日判決・判時2405号3頁）。

それほど長文ではないし、複雑でもない。しかし、「借入れの目的」や「債務免除に至った経緯」等を総合考慮するということが明らかにされている。判断基準というのは、そこで判断する際に重視すべき要素を挙げることで、具体的な事実を要件にあてはめるときに力点を置くべきポイントを示すことに意義があるのが通常である。

ここで示された2つの要素は、①借入れの目的、②債務免除に至る経緯である。もちろん「等」であるから、ほかの事情もみることになるが、主としてこの2つをみるという。しかし、この2つというのは、じつは並列的なものとは言い難い。

債務免除益というのは、過去に借りた債務を債権者から免除されることで債務が消滅した場合の利益である。その利益（所得）は、直接的には債務免除によって生じているのであり、それは2番目に挙げられている「債務免除に至る経緯」になる。なぜ、債務免除をされたのかをみて、それが一時所得なのか、不動産所得なのか、事業所得なのか、雑所得なのかをみる。これは、所得区分がそもそも10種類あるのは、その所得が生じた原因をみることで、その担税力に応じた税負担をさせるのが公平であるという考え方に基づく。

これに対して、借入れ自体からは所得は生じない。あとで返すべき債務を同時に負うことになるから1億円の授受があったとしても、将来返済すべき1億円のマイナスが生じるため、所得はないと考えるのである。

しかし、債務免除をされた場合には、受け取っていた1億円を返さなくてよくなるから所得が生じることになる。そうすると、所得を生じた直接の原因は借入れではなく、債務免除である。両者は原因の直接性（間接性）という点で差異があるし、またそもそもタイムラグがそれなりにあるはずである。借入金の債務免除がされるのは、借入れから相当期間経過してからであることが通常だからである。もし、借入後すぐに免除されたとしたら、それはもともと返還債務のない贈与とみられる可能性もあるだろう。

いずれにしても、借入れという所得の間接的な発生原因であり、時間的にもそれなりにまえの事象である①の要素と、債務免除という所得の直接的な発生原因である②の要素とは、所得区分の判断に与える影響は別の方向に傾くこともあるはずである。

また、この判決は、納税者の主張の多くを認容しているものの、農協からの借入金（負債総額約4億3000万円）を一時に債務免除された事例であるにもかかわらず、借入れの目的などを重視し、このうち約5300万円は不動産所得、約32万円は事業所得、約3億7000万円は一時所得という判断をしている。

債務免除は1度しかされていない。もし、②の要素を重視するなら、その全体が一時所得になるとするのが自然ではないだろうか。

この点については、東京地裁平成30年判決のまえに、じつは福岡地裁平成29年判決があった。同判決は、同じ問題について、少し異なる判示をしており、興味深い。引用すると、以下のとおりである。

「債務免除益の直接の原因となる債務免除の意思表示には、担税力の相違を見出し、所得の性質を決定するための手掛かりとなるような性質や特徴はない。したがって、本件各債務免除益がいずれの所得に分類されるかは、法令の文理を前提として、債務免除により得られる経済的利益の性質や態様に鑑み判断すべきである。」（福岡地裁平成29年11月30日判決・税資２６７号順号１３０９２）

債務免除益の所得区分の判断基準は、こうして地裁判決がようやく言及するようになった。しかし、最高裁の判断はない。

借入れがなければ債務免除益が生じなかったという意味で、その基礎にあることは否めない。この点、直接の免除行為に担税力をあらわす徴憑はとらえにくいという指摘が、福岡地裁平成29年判決ではなされていた、ということである。

債務免除益の所得区分の判断基準については、こうした問題が明らかになりつつある。これをどのようにみていくべきか、どの点を重視すべきなのかについては、今後の判例の集積を待つほかないであろう。

もうひとつの平成30年判決は、必要経費の要件が2つであることを明示し、かつそれぞれの要件の判断基準も具体化したものである（大阪地裁平成30年判決）。

「ある支出が事業所得の金額の計算上必要経費として控除されるためには、当該支出が事業所得を生ずべき業務と合理的な関連性を有し（関連性要件）、かつ、当該業務の遂行上必要であること（必要性要件）を要すると解するのが相当である。

そして、必要経費該当性（関連性要件及び必要性要件）の判断に当たっては、投下資本の回収部分に課税が及ぶことを避けるという必要経費の控除の趣旨に加え、家事上の経費との区別や恣意的な必要経費の計上防止の要請等の観点も踏まえると、関係者の主観的判断を基準とするのではなく、客観的な見地から判断すべきであり、また、当該支出の外形や名目等から形式的類型的に判断するのではなく、当該業務の内容、当該支出及びその原因となった契約の内容、支出先と納税者との関係など個別具体的な諸事情に即し、社会通念に従って実質的に判断すべきである。」（大阪地裁平成30年4月19日判決・裁判所ＨＰ）

1段落目が、2要件（関連性要件と必要性要件）を明示したものである。この点について最高裁判例はなく、従来の裁判例でもあまり明確化されていなかった。2段落目が、その判断基準を示している。

特に後半にある「当該業務の内容、当該支出及びその原因となった契約の内容、支出先と納税者との関係など個別具体的な諸事情」というのが、このエッセイのお題として続いているポイントにあたる。

必要経費は、古くから多数の争いが訴訟でなされてきた。ただ、こうした2要件及び判断基準でみられることはなかった。もう少しおおざっぱに、「関連性」があるか、それは直接的である必要があるか、間接的でもよいかといった議論であった。

この判決も、連載記事を執筆する際に検討した。税理士向けの研究会の講演でも取り上げたのだが、実務をやられている方たちの反応は大きかった。この判断基準で果たしてよいのかは、さらに検証されなければならない。ほぼ同時期に、別事件でも裁判所が少し異なる判断基準を示したものがある。

大阪地裁平成27年判決の判示は、以下のとおりである。

「ある費用が事業所得の金額の計算上必要経費として控除されるためには、直接か、間接かといった関連性の程度はさておき、当該費用が所得を生ずべき事業ないし業務と関連し、かつその遂行上必要なものであることを要するものと解される。そして、上記の事業ないし業務との関連性の有無、事業ないし業務遂行上の必要性の有無については、当該事業や業務の性質、内容等をも踏まえ、事業者による当該費用の支出、負担がその事業ないし業務の維持、拡大等による経済的利益の獲得を目的として行われたものであるか、当該費用の支出、負担が客観的にも経済的利益の獲得につながるようなものであったか（当該費用の支出、負担による業務上の成果、経済的利益の獲得への寄与の程度。この点は、上記の目的の有無を客観的に判断する上でも必要となる。）等の諸事情を総合的に考慮して判断することが相当である。」（大阪地裁平成27年1月23日判決・税資265号順号12592）。

判例の分析が続いた。読者の方は、そろそろ疲れてきたかもしれない。ということで、このあたりで判断基準の話は止めよう。

これまで述べてきた、税法の課税要件該当性の判断基準であるが、判例が詳細にこれを判示する傾向が少しわかっていただけたのではないかと思う。

実際には、その事件の認定事実をつまびらかにみたうえで、基準を用いた要件へのあてはめ部分もみないと、ケースでどのように要件や判断基準が機能しているかはわからない。

毎年それなりの数の学生が、判例演習などの発表のときに、「判断基準を法律に明記すべきだ」という主張をする。

しかし、どの法律をみても、要件と効果が規定されているにとどまるのが通常である。その判断基準は、個別の具体的な事実とあいまって、判決のなかで判示され判例理論が形成され、それが最後は上級審である最高裁で統一される。こうしたプロセスをたどるのが、法の解釈適用の一般的な手法である。

それを法文に規定してしまえば、判断基準まで法律にしばられることになる。これは、明確なようで、かえって硬直化を招き、裁判所による柔軟な認定判断に支障をきたすおそれの方が大きいと思う。

また、判例の解釈が示されると、それも法律の規定に書くべき（改正すべき）と主張する学生もいる。しかし、なんでも法律に書けばよいというものではない。

そもそも、判例が最高裁のものとして示されれば、そのレイシオ・デイシデンダイ（規範的理由づけ）部分には、事実上の先例拘束力が生まれる。これは、他の類似事例でも参照されることになる。そして、これが参照されるかどうかは、最高裁の判例の射程を検討することになる。それが判例の解釈であり、ケース・スタディの重要性である。

税法は、租税法律主義の理念が強い。そこで法律に書いていないからダメだとか、文理解釈ではないからダメだとか、ドグマのような議論が税法の初学者に起きがちである。もう少し、「法とはなにか」「判例とは何か」を、税法からいったん離れてみた方がよいと思う。

税法には他の法分野にはない特殊性が、確かにある。しかし、そうはいっても憲法を頂点とした法体系のなかにある1つの法分野に過ぎない。ひとつひとつの税法も、1つの法律に過ぎない。

税理士を中心とした税の専門家は、このことを忘れてはならないと思う。つまり、税法の世界だけでものをみる近視眼的な思考は妥当でなく、もう少し他の法分野を通貫するような広いものの見方が必要になる、ということである。

もちろん、専門性とは近視眼である。そうすると、もう少し具体的にいうなら、「専門性を失わない程度に、他の法分野のことも気にかけながら専門の目を深めていく」ということになるだろう。

10

税務雑誌から得る情報——新人記者の活躍

大学の研究室に送られてくるようになった税務週刊誌がある。

法律事務所時代は、ほとんどの税務雑誌が事務所の書庫に整っており、最新のものも定期購読されていた。それらを、案件の必要に応じて読んでいた。そのなかに、この税務週刊誌もあった。

週に1度発刊される雑誌というより、小冊子のようなものである。表紙が、白の紙に青色で印刷されている。この点が、特徴である。わたしがみてきた限り、ずっとこのスタイルだと思う。

大学に来てからは、研究費でいくつかの定期購読誌を年々少しずつ増やしてきている。とはいえ、自分の研究室にラインナップがそろうわけではない。法学部のライブラリーも、税務のための書庫にはなっていない。こうして、この税務週刊誌をみる機会は減っていた。

それが、昨年から送られてくるようになった。昨年3月に大学を卒業したゼミ生がこの会社に就職し、同誌の記者になったからである。

成績優秀で法学部を次席で卒業した、という教え子である。彼女は3年生になった時点では、学年1位だったので、学部の入学式では、在校生代表として新入生にスピーチをしたりしていた。

同じ服をみたことがないくらいの洋服好きで、髪型もよく変えていた。勉強だけができる大人しいタイプでは、決してなかった。活発で、ゼミでも副ゼミ長として主導的にゼミ生を統率していた。

同社には、休刊したある雑誌で長期連載をしていたことがある。その連載も、また連載を書籍化をしたときの編集者もたまたまであるが、女性だった。その出版社で書籍担当の編集者になるのかと思っていたら、税務記者として配属されたようである。

税務系の出版社には、つながりが多い。この本の担当編集者の同僚が税務雑誌の記者を長年にわたりされている。その記者から「木山ゼミ出身の新人記者が新人とは思えない活躍をしている」と聞いたという。そのことを、本書の編集者が研究室に来たときに、「うわさになっていますよ」と教えてくれた。

ゼミの教え子が1年目で税務記者となり活躍することは、彼女のポテンシャルをよく知っているわたしにも想像ができなかった。

何週分かをまとめて送ってくれるのだが、担当した記事の部分に付箋をつけて、毎回便箋に手書きで丁寧な文章もつけて郵送してくれる。

こうしてゼミ生の書いた記事のある、その週刊誌を愛読するようになった。

彼女は、すぐに自分のコーナーまで持つようになった。月に1回の連載を始めたのである。わたしのモットーは、「何事にも全力を尽くす」ことである。これは書籍のプロフィールなどには書いていないのだが、ゼミなどで、学生にはよく言う口癖のようなところもあった。

それを覚えていたのか、たまたまかは知らないが「全力疾走」という言葉が入っている。彼女らしいし、親近感のわくタイトルである。

税務訴訟の代理人を10年以上やってきた実務家出身のわたしも、国税担当の記者の仕事というのはこれまであまり知らなかった。彼女からいろいろ聞くようになり、こちらも勉強になる。業務としての会食の機会も、かなり多いようである。また、休日である週末も、記事のことがあたまを離れない、という様子であった。

記者になり初めて研究室に来たのは、前期の終わりころだったと思う。16時30分ころにやってきた彼女は、いまの仕事のことや大学時代のゼミ生のことなどの雑談でもするのかと思っていた。そうしたら、開口一番に、「10月から施行される消費税の軽減税率について、措置法の記事を書いているんです。先生、わかりますか？」と言われた。

ある書籍のコピーを持参していた。その説明が正しいのか、裏がとれないとのことだった。「どうしたらいいですか」という。細かな事項だったので、わたしもわからなかった。ただ、「わからない」で話題を変えるわけにもいかない。何か役立つことをと考えた。それで、本書の版元から出されている『改正税法のすべて』(大蔵財務協会)の当時の説明部分を本棚から取り出して読ませたり、いろいろな本をみせたりした。

それでも、みつからない。根拠条文をみたいけれど、ネットでもすぐに出てこないという。そこで、その調べ方も研究室のパソコンで検索しながら教えた。そうしたら、そのまま彼女はわたしの研究室の机に座り、パソコンで仕事を始めた。

こうして2時間半くらい彼女の仕事場となった研究室を出て、大学近くのカフェにたどり着いたのは、もう暗くなった19時過ぎだった。

即戦力として働いていることを、このとき知った。記者として書いた文章は編集長に何度もダメだしをされて、掲載されるまでに何十回も書いたという話もあとで聞いた。そうであれば、彼女の卒論ももっと赤入れしておけばよかったかな、と思った。

実際には、彼女の卒論の冒頭部分は真っ赤にして、何度も添削をして返した記憶がある。といっても、あまり大学生にこれをやると嫌がられるのがオチである。添削をするのは普通ではないかと思われるかもしれない。しかし、わたしの文章に対する赤字は終わりなく、半端のない分量になる。これは自分の書いた文章に対しても、同じである。それで彼女の実力を前提に数回していたのだが、社会に出たらもっと厳しい、ということである。

わたしが大学に来たのは、２０１５年4月である。ゼミ生の卒業生はこの春で4期目になる。

ゼミの影響を受けた仕事に就いて、彼女のように活躍しているゼミ卒業生は結構多い。例えば、彼女と同期の女性は、都庁の主税局で働いている。法学部2年生のプレゼミからみていたのだが、表情豊かで愛らしい学生だった。彼女も学年5位の成績で卒業をしており、優秀であった。

ゼミは2年間なので、やってみるとあっという間に終わってしまう。そのことに当初は寂しくもあり、また大学教育の限界を感じた。しかし、毎年入れ替わることで、多くの学生に教育を受ける機会を与えられるメリットがあることは否めない。そもそも、教育の楽しみは大学時代は短いけれど、その先がまだあるということなのであろう。

さて、彼女は税務記者なので、国税当局の情報や税制改正や新しい判例・裁決を実務家に、早くわかりやすく伝える役割を担っている。そこでは、わたしがじっくり一つのものを深堀り、先行研究も紐解きながら論じる研究論文とは違うテイストが求められる。実務家が知るべき最新情報をニュースとして提供しつつ、紙媒体で残るものであるため、簡潔かつ正確な内容も必要になる。これを記者が記事にまとめるには、相当の工夫が必要になると思われる。

まずは、自身が理解しなければならないが、それをクリアしても伝えられる文字数が限られている。しかし、ざっくりしていればよいわけでもなく、不正確な情報にすることはできない。こうした感覚を税法記者は、どのようにして身につけていくのだろうか。

どの職業でも慣れるまで数年を要するように思うし、10年やってやっと1人前という感覚はいまでもあるように思う。そう考えると、新人記者がゼミ指導教員の研究室に来てまでも仕事をしていたことは、将来の彼女の安定した職業レベルに到達するためには避けて通れない姿だったのだと思う。

わたしがふだん扱うレベルの税法条文は、スマホでもタブレットでも、つまりどこにいても、イーガブ（e―Gov）ですぐに全条文を検索できるし、過去の条文もデータベースなどを使いながら調べることができる。判例や論文へのアクセスも、データベースとアナログの図書館を使いながら、慣れているのでささっとできる。

彼女が調べていたのは、改正附則でイーガブをみても省略されてしまっているものであった。そういう意味では、職業領域にある調べ方をマスターしていくことも、税法思考の前提として整えるべき環境といえる。

アクセルを踏みやすくするための環境整備は、どのような職業でも仕事でも重要になるだろう。

11

課税要件は、なぜ重要なのか？

租税教育が、活発化している。小学生のときから、税務署職員や税理士が「税金」とは何かについて特別講義をしてくれるようである。中学生、高校生以上になると、作文を書かせたり、実習を入れたりと、学生のレベルにあわせてさまざまな工夫がされているという。

わたしは勤務先の大学が渋谷区にあるということもあって、渋谷税務署から依頼を受けて3年間、国税モニターを担当していた。国税モニターとは、国税庁ホームページによれば「納税者利便の向上等を図ることを目的に、納税者等の意見・要望等を聴取し事務運営の改善に役立てるなどの広聴活動を行」うものとされる。

具体的には、同ホームページによれば、「各国税局及び沖縄国税事務所において職業や年齢等が偏らないよう配意しながら、本年度、全国で354名の方に『国税モニター』をお願いし、主に当庁が実施している広報広聴施策等の取組に関する意見・要望をお聴きし、翌年度以降の施策の改善に反映させています」とある（2020年3月28日最終確認）。

ここにいう「本年度」とは、令和元年度にあたる。その1名がわたしであった、ということになる。3年間担当したが、区内の教育関係者数名が、1年に1度、税務署長室に集まり、署長と広報官などと一緒にディスカッションをする、というものだった。

税務署サイドも、どのような租税教育が望ましいのか、教育関係者の声に毎年真摯に耳を傾けていた。実施状況などの詳細が整理された配布資料などもみていると、なるほどいまは租税教育が充実しているのだなと、感心しながら参加していた。

さて、租税教育といっても、論者により捉え方はさまざまなようである。「税務弘報」（中央経済社）で、「私の租税教育論」という記事が、毎回執筆者を変えて連載されていた。わたしも、じつは比較的早い時期に登場している（2016年8月号）。

何を書いたかは正直、仔細は忘れてしまったが、大学及び大学院で取り組んでいるディベートの重要性を説いた記憶がある。

ここでは、ディベートの詳細を書くつもりはない。何よりも重要になるのは、根拠条文である。その重要性は、税務判例を研究したり、議論をしたりするときでも同様にある。

実務では、通達による課税がなされている。しかし、ディベートでは「法源に通達をあげてはいけない」というルールを徹底している。

判例研究をするときも、通達の規定を参照することが重要な事例はもちろんある。しかし、それでも法の適用を議論する際には、法律レベルにどのような条文があるかをみる。そして、その条文にはどのような規定がされているのかを軸にすえることになる。

また、条文を認定事実に適用する際には、その要件の内容が明らかにされることが必要になる。法律の規定は、そこに定められた要件を満たすことで、そこに定められた効果が発生することになるからである。

これが税法の場合は、納税義務の発生という「効果」があって、その効果が発生するための「要件」を定めた条文を熟読することになる。

納税義務が発生するための要件のことを「課税要件」という。この課税要件を法律で定めるべきことは、憲法が定める租税法律主義の要請ということになる。

しかし、条文が定めた要件（課税要件）といっても、抽象的な定めになるのが法律の宿命である。これを解釈により、明らかにしなければならない。この解釈のあとが示されるのが、税務訴訟の判決文ということになる。

判例研究が重要になるのは、課税要件の解釈が裁判所によって明らかにされているからである。とはいえ、この課税要件というのは、なかなかくせものである。

実務を担う税理士が、どこまで課税要件を意識して税務調査対応やそれ以前の申告業務を行っているのかは定かでない。もっといえば、申告以前の取引段階においてこそ、タックス・プランニングをする際に、税法が定める課税要件を意識しなければならないはずである。しかし、実際はどうなのだろう。

税理士の勉強会や研修に声をかけられて講演するテーマには、「課税要件」や「法的思考」が多い。勉強熱心な税理士は判例も読む。しかし、多くの税理士は、そこまで手がまわらない。税務調査は交渉だと思っている人が、いまでも多いと聞く。

交渉が最終的に必要になることは、わからなくはない。しかし、交渉をするにあたっても、課税要件を意識しておかないと、優位に立てるべき場面でもその優位性を認識できない可能性があるだろう。

課税当局は、税務調査という任意の行政調査を遂行するにあたり、納税者の協力を得ることが重要になる。そこでは、納税者に対する説明責任も当然ながら生じることになる。これは法文に明文規定はないが、調査通達に規定されている。

そうすると、納税者の代理人としてはこうなる。税務調査にあたり、当局がどのような課税をしようとしているのかを聞くだけでは足りない。具体的にその際の課税要件をどのように捉えていて、どの要件を満たすと考えているのかの説明も求めていくべきである。

そうすれば、そもそも、条文には規定されていない課税要件を解釈により導いていることがわかるかもしれない。その場合には、もし更正処分をするようであれば、訴訟で争うといことを明確に告げることができるであろう。法解釈に曖昧さが残るからである。その際に、過去の判例を調べることができれば、判例にもない解釈をしているのか、最高裁判例はないけれど、地裁レベルの裁判例を参考にしているのか、そのレベルすらないのかなどがわかる。最高裁判例がある場合でも、事例が異なれば本件は射程外ということもあり得るから、その点の分析が必要になることもある。

課税要件については問題はなく、事実認定（立証）の争いがあるに過ぎないという場合もあるであろう。事実認定の争いであれば、厳格な証明が求められる裁判所よりも、かえってやりやすいかもしれない。職権で審判官が調査をしてくれる審査請求の方が得策である、という戦略も浮かびやすい。

事実認定の争いになりそうなので不服申立て（国税不服審判所長に対する審査請求）で勝負できると踏むのか、法解釈に争いがあるため主戦場は裁判所（税務訴訟）になると考えるのか、あるいはそこでの勝算はどれほどあるのか。こうした視点を税務調査対応の際に持つためには、課税要件の捉え方が重要になる。

その課税要件について6年ほどまえに、租税訴訟学会で月1回の講演をある税理士と一緒にしたことがある。そのころに、課税要件の入門的書籍を書いてほしいという依頼を受けていたのが、なかなか原稿が完成せずにいた。

5年ほどまえにある程度は書いていた。しかし、ちょうど大学に移ったころに重なり、原稿の執筆が途絶えていた。このたび、その続きを昨年春ころから少しずつ書き進め、その秋にようやく原稿が完成した。

課税要件は実務においても、研究・学習においても極めて重要である。これをどのような視点で述べていけばよいのか、類書があまりないため苦戦したが、本の内容はこれまで長年にわたり税理士に話してきた講演内容をまとめるかたちになった。また、その視点は、大学に来てから書いてきた研究論文のエッセンスから来ているものもある。

この1冊が世にでることで、課税要件についての議論がより活性化すればと願っている。税法思考的にいうと、まさに課税要件を使った思考ができるようになることが重要といえる。

そして、租税教育という話に戻して考えると、大学生・大学院生以降のレベルにおいては「課税要件」を徹底して教育することが重要だと思う。これは、国税専門官の試験に合格して税務署職員として働くものが学ぶ教育機関である税務大学校で「要件事実」の授業があることから考えても、納税者側に今後は必須の重要なテーマであるといえるであろう。

税法である以上、法的に「課税要件」を分析することが重要になる。そのような見方ができることが、これからの税務実務の専門家には求められるであろう。そして、そのような時代はすでに到来しているのである。

この本は、『入門課税要件論』(中央経済社)として、3月末に刊行された。

12

税法論文を書くための思考

税法の院生は多い。これは、全国的な現象のようである。主たる理由は、税理士試験の科目免除に直結する効果があるからである。

税理士試験は、わたしが合格した司法試験と異なり、一度合格した科目は受ける必要はない。会計科目（簿記、財務諸表論）2科目と、税法科目（選択制）3科目の合計5科目に合格することが必要になる。ただし、大学院で税法論文を書いて修士号の各位を取得した者は、その修士論文を国税審議会に提出してパスすれば、税法科目は2科目が免除される。そういう仕組みがある。

つまり、税法の大学院を出て、1科目の税法科目に合格していれば、あとは会計2科目の合格でよい、ということになる（ちなみに、税法科目には、消費税法、酒税法、法人税法、相続税法、所得税法、固定資産税、国税徴収法、住民税、事業税がある）。

このように考えると、正規の試験を潜り抜ける裏ルートのようにもみえる側面があるかもしれない。そこで、かつては5科目を試験でパスした者から、大学院による科目免除を利用して税理士資格を取得した者は見下される傾向もあったと聞く。

しかし、税理士は「税務に関する専門家」（税理士法1条）として、本書に書いているような税法を駆使する職業である。それにもかかわらず、税理士試験では計算や暗記だけで、条文を読んだり判例を読んだりといった、税法解釈が問われることはないようである。

それで税理士になったあとに、税理士には研修が多くある（義務化されている）。研修のなかで判例の読み方や法的思考を身につける講座を受けたり、自主的な勉強会などで学んだりしているようである。

優れた税理士は、判例・条文の話が弁護士とほぼ同等レベルでできる。しかし現実には、そうでない方も多いようである。わたしの周りにいる親しい方々には、逆にこれらがしっかりできる税理士が多い。税法の世界だけで議論する場合でいえば、弁護士顔負けの法的対話を行える方がそろっている。

そういう方たちに、学部生や院生のディベート大会の審査員などをしてもらっているのだが、話を戻すと、税理士試験で税法科目3科目に合格したとしても、そこでは税法を読む力が問われたわけではない、ということである。

そう考えると、法学研究科の大学院で条文や判例を読むトレーニングを徹底して2年間（ないし3年間）修行することは、意義深いといえるだろう。さらに緻密な特定の税法テーマについて、立法経緯や学説、判例などを丹念に調べながら、自説を論理的に説得力をもって論述する論文を仕上げることになる。この観点からみると、大学院修了者は、決して5科目試験合格者に見下されるようなものではないといえる。

ただし、そこは大学院での教育レベルと求められる論文のレベルにもよるであろう。わたしが専攻主任を担当し、指導教員としてみている勤務大学の大学院の法学研究科では、高いレベルのものを院生に要求している。

学部卒で大学院に進む者をみていても、社会人の方で大学院に通う方をみていても、院生時代に参考文献等を参照したレジュメに基づき判例報告をし、そこで議論をし、教員からボコボコにされる。言葉はわるいが、院生はよくそう言うので、そのように表現した。教員としては、気づいた点を順番に淡々と指摘しているだけである。

これを繰り返して1年を過ごす。2年目では、特定のテーマについて論文を執筆する際にも指導教員から細かな指導を受ける。中間報告会などでは、指導教員以外の教員からもかなり細かく指摘を受ける。こうしたプロセスの経験により、法的思考が鍛え上げられる。その伸びは2年間という短い間だが、目をみはるものがある。

このように短期間で院生が伸びるためには、そのような環境整備も必要になる。法学研究科の大学院担当をしてもうすぐ5年目になるが、数年で高いレベルに仕上げるための環境整備を尽くしてきた。こうして、入学段階から過去の経験を踏まえて、最初からかなり厳しくみていくことになる。

そのためか、最近では（かつては優しいと言われていたのだが）、「厳しい」と院生に言われるようになった。それが教育の方法であるから、そのとおりなのかもしれない。発表後の指摘に一切遠慮をしないので、社会生活ではおそらく他人からズバズバ言われることがない日常に比べると、厳しくみえるのかもしれない。でもそうしなければ、大学院で学ぶ意味はないと思っている。

さて、大学院生が書く税法論文は、どうあるべきか。

まず、テーマの選定が重要になる。テーマは具体的な「問い（Q）」であることが必要である。そして、その問いに対する「答え（A）」が、その論文執筆者の主張として展開される必要がある。

これは「言うは易し……」だが、多くの院生はこの「Q」が、最初は極めて抽象的で、同時に「A」がない（主張がない）ことも多い。

また、これらをクリアできても、説得力を持たすためには、対立軸が必要になる。つまり、自説と異なる「反対説」である。この反対説をたたくことで、論理的に自説の優位性を主張するのである。これが論文である。

院生は当初、論文ではなく、教科書や実務書を書こうとする。あるいは自分の勉強をしようとする。教科書とはどの体系書にも載っているような項目を論文のテーマにして、そこで問題になることを全て順番に羅列して整理するものである、ここにはさきほど述べた具体的な「Q」がないし「A」もない。「ありますよ」、という人がいるとすれば、それは「Q」と「A」の意味を間違えている。例えば、「租税法律主義とは何か?」というのは「Q」ではない。それは教科書にある項目である。今更それの何を論じるのだろうか。

実務書というのは、例えば「匿名組合に対する課税」というテーマを設定するものである。教科書の租税法律主義よりも具体化されているようだが、これに対してはどんな「A」があるのかと考えてみると、どうだろう。これは、そもそも「Q」が具体化されていない、ということである。実務家は、網羅的に検討事項を知りたい。そこに、実務書の意味がある。つまり、網羅性である。これに対して論文は、ワンコンテンツであり、個別性が特色である。そして、論文には筆者の主張が必要になる。

最後に、勉強とは、自分が知らないことを論文を書くことを通じて学ぼうとするタイプのものである。学部生の卒論にはこうした動機を持つものが多い。司法試験を目指す人は、試験で出そうな論点を学ぶために「権利確定主義について」、信託銀行に勤める予定（あるいは就職希望）の学生は「信託課税について」というテーマにしようとする。これは、本来、論文ではなく、自身の勉強ノートに過ぎない。

論文にするためには、そのようなテーマのなかに存在する具体的な「問い」を探し、その「問い」に対する「答え」としてあり得る複数の説を検討し、そのなかから最善と考える「自説」を展開することが必要になる。

「このような発想で考えてもらいたい」と、院生にはテーマ選びの際によくいうのだが、毎年同じことを新しい院生に繰り返し言わなければならない。ものわかりのよい院生は、残念ながらそういない。

だから、ここに書いたことの意味をすぐに理解してもらえる人は、もしかしたら少ないかもしれない。わかろうとするためには、そこで言われていることの意味を探ることが必要になるであろう。

幸い院生には、多数の院生指導を同時に教室で行える環境があれば、それぞれのテーマについて別の角度から同じような指摘をするシーンをみせることができる。この体験の積み重ねによって、かつ、それらを目の当たりにしながら自分ごととして捉えてもらえれば、どこかで「ああ、そうか」と気づいてもらえる可能性がある。

これをマンツーマンだけで最初からやっていると、他人との比較ができないから、行き詰まりになるかもしれない。指導する側は徒労感を覚えるかもしれないが、指導される側も教員を信頼できなくなるかもしれない。

しかし、法学研究者であれば、基本的にはだれもが指摘するであろうことを言っているだけであることが、現実には多い。

もし、多数の法学教員に囲まれ、そこに院生が1人だとしたら、ほぼ全員の教員が指摘したくなる事項を、基本的には大勢の院生のなかにいる1人の教員は指摘しているだけである。しかし、数の原理が逆転しているからだろう。そのことがわからない院生をみかけることがある。自分の意見が否定されている（自分は正しい）と思い込んでしまうのである。

そもそも、法学研究の論文に正解はない。複数の見解があり得るなかで、自分はこう思うけどな、というのがあったとする。それと異なる見解の論文を書く院生がいても、教員自身は別に気していない。「その説にはこんな批判が来ると思うけど、どう答えるの?」という問いを発するのは、論理的に説得力をもって答えられるのかをみている、というだけの場合がほとんどである。それを詰問と受け止めてしまえば、法学の論文は伸びなくなってしまう。

しかし、圧倒的な知識と経験をもつ教員と対峙する（ようにみえる）院生の立場で考えてみると、これはなかなかナーバスになる問題なのかもしれない。あとは、向上心をもてるかどうか、素直にいったんは指摘を受け止められるかどうか、それでも自説に自信もって論理展開できるかどうか、であろう。

法学を学ぶ段階でも、ハードルが高いかもしれない。これが法学研究となると、さらに敷居が高いかもしれない。しかし、それをやってこその学位であろう。

13

税法論文の書き方――文献の集め方（古稀記念論文）

税法論文を執筆するためには、テーマについての参考文献を集めることが必要になる。データベースを使えば（例えば、ＬＥＸ　ＤＢ）、その判決の判例評釈の情報が掲載されている。それをみて、その文献にあたる。その多くは図書館で入手し、コピーをする。

判例評釈ではなく、テーマで探すときには、〔サイニー〕（CiNii Articles）を使えば、インターネット上で、タイトルにそのキーワードが入った論文を探すことができる。もちろん、その論文についいては、図書館で探す必要が出てくるものが多い。しかし、機関リポジトリ登録されているものはこれをクリックすれば、ＰＤＦデータで全文読める。大学紀要に収集された新しめの論文は、ＰＤＦで全文閲覧できる可能性が高いものが多い。ただし、最新すぎるとまだ掲載されていない、ということはある。

インターネットでデータ上アクセスできる論文や雑誌の数は、いまは増えている。例えば、有料であるが〔判例秘書〕を使えば、最高裁の「調査官解説」、「ジュリスト」、「判例百選」などのＰＤＦデータにアクセスできる（なお、裁判官は〔判例秘書〕を使っていると聞く）。

また、特定の団体が発行している税務雑誌などには、会員になれば過去のものをネット上でいつでも閲覧できるものもある。例えば、〔税研ＪＴＲＩ〕では、「税研」、

「税務事例研究」、「日税研論集」などをそのバックナンバーまで、会員になればみることができる。会員でなくても、最新のものについては〔税研ＪＴＲＩ〕のホームページにアクセスすれば、ＰＤＦで閲覧できるサービスもある。ものによっては過去１年分が無料で閲覧できる。

ネット上で閲覧できる論文等は、これからどんどん増えていくことを願うばかりであるが、意外と知られていないものもある。慣れていくことが、大事だと思う。わたしはかつてネットで検索できることを知らずに、わざわざ図書館で探して、ひとつひとつコピーをとっていたものもある。

税務大学校のホームページにアクセスすれば、税大教官が書いた「税大論叢」に掲載された論文を全文ＰＤＦで閲覧できるし、「税大ジャーナル」もバックナンバーがアップされている。

これに対し、ネット上の検索ではひっかかりにくいタイプの論文、つまり埋もれがちな論文として、著名学者の記念論文集に所収されたものがある。

古稀記念論文集などというタイトルがつくものである。こうした書籍掲載の論文については、じつは〔サイニー〕では検索ができない。〔サイニー〕は雑誌に掲載された論文を検索できるものだからである。また、データベースに出てくる判例評釈も、この類の記念論文集にはフォローされていないことが多い。

また、購入しようとしても、一般書店に置かれていることは、販売されたばかりのものでない限り、まずない。アマゾンで購入しようとしても、中古でないと購入できないものがほとんどである。そして、中古でも、買い手が一般消費者にいないわりに、研究者が重宝するからか、値段が異様に高い場合がある。もともと発行部数も少ないからであろう。

研究費の残りが、年度末のすこしまえに結構あることもわかり、また論文執筆に必要であったものが多くあったこともあり、まとめてアマゾンで記念論文集を数冊購入した。

著名な研究者二人（ひとりは故人であり、もうひとりは90歳近い）の古稀記念論文集（2冊）と、還暦記念論文集（1冊）と、喜寿記念論文集（1冊）である。

数十年前の論文集などをみると、著名な研究者が当時はまだ若い年齢であったことなどがわかる。といっても、40代くらいであるが、新鮮であると同時に、若いときはこのような論文を書いていたのかと、思わぬ感想が漏れる論文にも触れられる。

わたしは、5年前まで実務家だった。こうした記念論文集を読む機会はほとんどなく、あまり身近に感じることもなかった。自分が論文を書くようになると、大量の論文を読むことになるため、まず文献として必要になった。その多くは、図書館で必要な論文のみをコピーする。

歴史のある論文集としてパラパラ眺めると、面白い情報に遭遇したりもする。

初めてのことだが、ちょうど今年の5月に刊行される記念論文集にわたしも論文を寄稿した。昨年9月に原稿提出をし、そのあと2回ほどゲラのチェックをした。

記念される研究者の誕生日に刊行することを目指すようで、スケジュールもかなりまえの時期から依頼があり、早めに原稿も書くことになった。

しかし、税法学者のものをいくつかみてきただけで、まだすべてをみたわけではないが、現実にはこうした記念論文集が刊行される方はかなり少ない印象である。

税法では、金子宏先生、山田二郎先生、北野弘久先生などは、記念の年齢ごとに刊行されており、執筆者の人数も多く豪華である。

タイミングとしては、学者の記念論文集は古稀（70歳）が多い印象だが、還暦記念論文集（60歳）、喜寿記念論文集（77歳）というのもある。

自分がこの年齢になることを想像すると、現在45歳のわたしには相当先のことになる。そのような機会は、まずないだろうと思う。

そうすると、それだけ記念論文集が刊行されている方のすごさがわかる。

以前はその仕組みをわかっていなかった。記念論文集というのは、その学者が自分の誕生記念を祝して、論文集を出版するのだと思っていたが、そうではない。実際には、そのまわりにいるその法分野に関連する学者や実務家が論文を書きおろす。それを寄せ集めて「〇〇先生古稀記念論文集刊行委員会編」というかたちで、その先生に論文集を贈呈するようである。

弁護士と違い、研究者というものには、一般人にはわからない独特な慣習などがたくさんある。見様見真似で少しずつその文化にも慣れてきた。大学教員という感覚は、学生を教えているという点ではある。ただ、「あなたは、学者（研究者）ですか？」と問われても、そうだと答えられるような手ごたえは未だにない。それは学内行政やゼミ・大学院等の教育でかなりの時間をとられる日常を過ごし、そのあいまにしか論文を書く時間をとれないからだと思う。この点で、想像していた教員生活とは違っている。

こうした税法研究者による論文には、どのような意味があるのだろう。

実務家のころには、あまりその価値を感じる機会がなかった。目のまえにある案件で納税者の救済に直接役立つ「使える論文」にめぐりあえる機会は、残念ながらほとんどなかったからである。

そして、図書館などで探しまくった末にみつかる税法論文の多くは、脚注が大量にあり、「○○であると思われる」とか「○○であろう」などという、断言を避けた、そして高尚にみえる筆致で、にょろにょろと書かれていた。結局、答えがなかったりする。そんな印象が強かった。

しかし、自分が研究論文を書くようになったら、「であると思われる」「であろう」という文章が自然に出るようになってしまった。このエッセイの文章にも片鱗が出てしまっているだろう。

これは、正確性を期す学者が、「断言できる情報」と、「そうではない情報（推測や主観の入った情報）」とを分けるために使い分ける語尾といえる。そういう感覚が身につくと、今度は一般書などにある断言調の語尾をみたときに、「よくも断言できるなあ」と首をかしげたくなってしまう。不思議なものである。

そういえば、わたしの父は今年の5月に喜寿を迎える。そして、同じ時期に両親は結婚50周年も迎える。三島由紀夫が自害した1970年に両親は結婚したと記憶しているので、すぐに何年かが計算できる。あまりよい出来事ではないかもしれないが覚えやすい。余談であるが、同氏の没後50周年企画で『太陽と鉄　私の遍歴時代』（中公文庫）が刊行された。読んでいるが、なかなか面白い。

さて、そうすると本書は、わたしの父の喜寿記念単行本、あるいは両親の金婚祝いエッセイということになるだろうか。二人の存在なくして、わたしもこの本も存在しない。

14

思考モデルは、二項対立？

法的思考でよく使われるものに、民法の「利益衡量」がある。二つの対立する利益を、天秤にかける。それで、どちらがより重いかを考えるのである。

民事裁判は、訴えを提起した原告と、訴えられた被告の当事者が対立する構造になる。これを「二当事者対立構造の原則」という。同じ裁判でも、刑事裁判が起訴された被告人が有罪か無罪かという刑の確定を行う手続であるのと、大きく異なる点である。

もちろん、刑事裁判も、起訴をした検察官と、起訴された被告人の利益は対立することが多い。しかし、現実には起訴された公訴事実について、被告人がこれを認める場合には、あとは量刑の問題になるのが基本である。

そうすると、こうした自白事件においては、何か大きな対立があるというわけではない。量刑についての重くすべきか軽くすべきかをめぐる主張の攻防があるようにも思えるが、実際には量刑には相場があり、判決前にほぼ予測できる。

これに対して、民事裁判（民事訴訟）は、こうなる。原告が被告に１０００万円支払えという訴訟を提起したとする。これを被告がすべて認める請求の認諾という手続もあり、その場合に訴訟は終了する。しかし、すぐに認めるのであれば、民事訴訟が提起されるまえに紛争は解決しているはずである。こうして通常は、被告はこれを争い、請求を棄却する裁判を求めることになる。

裁判の話が長めになったが、こうした民事訴訟を前提に考えられた民法という学問では、相反する利害を調整することを究極の目的としている。

こうして、当事者同士がいいというならそれで基本はよいだろうという「私的自治の原則」、その具体的なあらわれとしての「契約自由の原則」が民法にはある。

近年、この原則について消費者契約法による修正がなされている。例えば、契約を無効とするような条項の創設である。これらは、民法の契約自由の原則を、例外的に立法で修正するものである。当事者の任意の合意で排除できないため、「強行規定」といわれる。

強行規定による修正がなされる理由は、次による。つまり、契約自由の原則は、契約を締結する当事者が対等であることが前提である。しかし、現実には事業者が強大な力をもっている。そして、定型文言などの契約書を用いて、それにサインしなければサービスは提供しないというスタンスの一方的な合意をする。そこで、行き過ぎの場合は国家がこれに干渉して消費者を保護する立法がなされるのである。当事者の合意に委ねていても解消できない問題なので、法が例外的に乗りだす場面となる。

この場合、契約自由の「原則」に対する、「例外」としての消費者契約法の条項という関係があらわれる。「原則と例外」という関係である。

法的思考といったときには、民法が前提とする「利益衡量」もあるし、こうした「原則と例外」という視点もある。このあたりの法的な独特の思考について、体系化されたものがないため、これを帰納的にまとめて1冊の一般書（ビジネス書）にまとめたのが、２００９年刊行の『究極の思考術』（法学書院）であった。この本のレビューに、「○○の考え方をまとめただけのものである」というのがあった。

しかし、その○○を、わたしは知らない。法学にたずさわる長年の経験から、一般的な思考に引き直して体系化を試みたものだった。きっと法律家や法学の勉強をしている学生には、その意味がすんなり伝わっただろう。

他方で、法学以外の分野にも、人間の営みであるから、同じような視点があっても不思議ではない。もし、それが言葉や表現は違っても、実質的には同じだと思えるのであれば、それは価値ある発見といえるであろう。

結局、どの分野でも、人間の思考には共通性があると思われるからである。その場合、「形式的には法的思考の本のようだが、実質的には○○と共通性があることに気づいた」と、もしその方がレビューに書いたなら、実質的には同じことをいっているのに、形式的には価値あるレビューに映っただろう。そして、わたしも、なるほどと思って読むことができたであろう。そこに含まれた実質的な価値を見出して、いまのように表現し直してみた。どうだろう？　ここには、「形式論」と「実質論」という視点もある。

これも、法律家がよく使う思考である。判例にも、どの法分野でも登場する。「形式的にみれば○○であるが、実質的には△△と考えることができる」といったくだりである。これは、「外面」と「内面」といってもよいかもしれないし、「外観」と「実体」と表現することもできるだろう。

税法でも、外観に基づいて課税すべきなのか、という議論がある。例えば、固定資産税は真の所有者であるかどうかの実質を問わず、法務局に登記等がされている名義人に課税される仕組みが採られている。形式的な名義人に対する課税がなされるため、「形式主義」（表見課税主義）という。

これは、所得税法などが採用している「実質所得者課税の原則」と異なる考え方である。固定資産税の納税義務者は、外観（形式）に基づき捉えられるのに対し、所得（利益）を得た者に課される所得税は、実質主義（実質課税主義）なのである。例えば、法人（株式会社）が形式的には得た所得であることが契約書等から明らかであるとしても、その所得（利益）を実質的に得た者はその代表者個人であると認定されたら、形式的な名義人ではなく、実質的な利益の享受者が所得を得たとして課税される。この場合、税率が23.2%で一定している法人税ではなく、最大45%にもなる累進税率の所得税が課されることになる。

租税回避なども、実質的にみれば、別の目的（課税の回避ないし税額の減少）がある。しかし、形式的には別の事業目的などがあるような外観をつくる。こうして企業や資産家は巧妙に、法の目を潜り抜けようとしているかもしれない。

税法学では、租税回避については、租税法律主義との関係から、「明文の否認規定がなければ課税できない」という考えが強い。武富士事件では、1000億円もの贈与税を回避した租税回避スキームであることが認定された。しかし、住んでいた場所は香港である、と認定された。そして、当時の相続税法が定める贈与税の納税義務者の課税要件（国外財産の贈与を受けた者の住所が日本国内にあること）を満たさないとして、最高裁は課税処分を取り消した（最高裁平成23年2月18日第二小法廷判決・判タ1345号115頁）。

しかし、それをわかって、このスキームはつくられているのである。そのことは裁判の事実認定でも詳細になされている。無税で事業承継を会長から承継者である息子に行うため、住所を香港（国外）に移してから、オランダ株式を贈与するよう公認会計士からアドバイスを受けていた。それにとどまらず、移転後の滞在日数についても、香港が年間の半数を超えるよう調整がなされていた。

このようにみると、「それっていいの？ 最高裁」と思うのが自然な発想であろう。

こうして、租税回避は「適法ではあるが不当である」とか、「違法とはいえないが公平な税負担を阻害するものである」といった問題行為として捉えられる。なお、節税は「適法かつ妥当」であり、「法が予定し許容した税負担の軽減である」と考えられている。しかしそれでも、それを法律の規定もなく否認（課税）することの方を「問題」であると、税法学は捉えている。

こうした租税法律主義と租税回避の否認との関係も、立法で後追い的にせざるを得ない現状を変えるべきとの批判もある。しかし、税法学は基本これをよしとしている。「それは、なぜか？」と考えたい。「ひどいね。おかしいね」と感覚で一蹴するのではなく、それぞれの立場（見解）の見方（軸）を考える。それぞれの理屈の根底にある、その価値観を考えるのである。

これは、民法の利益衡量と似ているかもしれない。しかし、税法では利益衡量という言葉は使われない。これは税法が「侵害規範」（国民に保障された財産権を合法的に侵害して強制徴収を認める法律）であることの特殊性である。

この特殊性を理解せずに、「民法と同じだろう」「法律なんだから、税法だって」とやると、武富士事件の控訴審判決（東京高裁平成20年1月23日判決・判タ1283号119頁）のようになる。これは最高裁で取り消された（反対意見も付されていないし、学説にも支持されている）。

このように、相反する立場の理屈と価値観を考えながら、論理構成を考える。思考の基礎としての共通点や相違点をとらえながら、ときに形式的に、ときに（あるいは）実質的に、条文の解釈適用を行う。こうして、納税者と課税庁という「永遠の二項対立」の利益衡量をするのが税法である。

税法思考の軸を、本項では書いてみた。しかし、税法には忘れてはならない大きな解釈指針がある。それは文理解釈の原則である。

税法の条文は、文言どおりに読むべきである。条文に書かれていない課税要件を拡張して解釈したり（拡張解釈）、限定的に解釈したり（限定解釈）、あるいは他の似た条文を用いたり（類推解釈）してはならない。こういう原則がある（文理解釈の原則）。厳格解釈の原則ともいわれるもので、納税者の課税に対する予測可能性や法的安定性を保障するものである。

こうした税法解釈のあり方については、あとで別に言及したいと思う。

15

不服申立て・税務訴訟の認容率に異変？

毎年6月になると、前年度（前年4月1日からその年の3月31日まで）の不服申立て及び税務訴訟の統計データが公表される。

国税に関する不服申立ては、現在、処分を行った税務署長に対して行う再調査の請求と、国税不服審判所長に対して行う審査請求の2つがある。前者は、平成26年に行政不服審査法の改正があるまでは、異議申立てと呼ばれていた。改正前、納税者が国税に関する処分の取消しを国に求める行政訴訟を提起するためには、訴訟提起前に、異議申立てと審査請求のいずれもすることが、原則として必要だった。いわゆる「二段階の不服申立て」である。

これが平成26年改正で原則、審査請求のみでよいとされた（不服申立ての一元化）。本来、わたしたち国民が訴訟を提起しようと考えた場合、いつまでに訴訟を提起しなければいけないであるとか（時期の問題）、どのような手続を採らなければならないであるとか（選択手続の問題）について、制限はない。

例えば、100万円貸したのに返してくれないA子に対し、いきなり民事訴訟を提起するのも自由である。まずは民事調停を申し立ててもよいし、電話するなり会って話し合うなりしてもよい。内容証明郵便で催促をしてもよい。それらについての時期の制限もない。請求できる権利についての消滅時効はあるが、それらは別の問題である。

　また、国等に対する行政訴訟では、訴訟提起前に行政機関に対する審査請求（裁判所という司法機関によらない実質的には裁判といえる手続）をまずは行うか、いきなり裁判所に訴えを提起するかは、国民が自由に選択できるとされている。どちらでも自由に選べるので、「自由選択主義」という。

　ところが、この自由選択主義には例外がある。法令で別段の定めが規定されている場合には、それによるとされている。そして、国税通則法には、国税に対する取消訴訟を提起するためには、いきなり訴訟提起はできず、まずは国税不服審判所長に対する審査請求をしなければならないとの規定がある。

　これが平成26年改正前は、さらに二段階の不服申立てになっていた。しかし、さすがにやりすぎであったため一段階でよいことになった。これにより、異議申立ては廃止されたが、名前を変えて再調査の請求として存続することになった。納税者が審査請求をするまえに、まずは税務署長に対する再調査の請求をしたいときには、それでもよいと、従来どおりの選択の可能性も残されたのである。

　手続の話が前置きとして少し長くなったが、これらにはさらに時期の制限もある。例えば、税務署長からあなたが更正処分をされたとする。それに納得がいかないのであれば、3か月以内に国税不服審判所長に対する審査請求をするか、あるいはその税務署長に対する再調査の請求を、あなたはしなければならない。審査請求は1年で結論が出るのだが、あなたの請求を棄却する裁決が国税不服審判所長から下された場合、6か月以内に裁判所に取消訴訟を提起することが必要になる。再調査の請求から入った場合には、その棄却決定から2か月以内に審査請求を行い、それ以降の手続は同様である。

こうした期限内の手続の強制があるのは、行政を保護しようという意図があるからである。行政法上、これについては、反復継続的になされる税務行政について、法律関係を早期に安定させる必要があると説明されている。「民間同士の法律関係とは違う特殊性がある」という説明は、理屈としてはそうかもしれない。

しかし、期限内に不服申立てを行い、裁判になった場合はどうだろう。最高裁まで行けば、課税処分がされてから、上告審の確定判断が出るまでに、6、7年かかることもある。これは、法律関係の早期安定といえるのだろうか。

このように考えると、結局はこうした手続及び期限の強制は、違法な課税処分等による納税者の救済を法が制限しているだけであることが、明白であると思う。その短い期限を超えると（例えば、更正処分がされてから3か月を経過すると）、なぜ争えなくなるのか。その期限内に手続をとり、その後も期限内に訴訟提起などの手続をとった場合には、6年、7年、あるいはそれ以上の期間がいくら経過しようが、課税処分が裁判所により違法と判断されて取り消される可能性が出てくる。よく考えると、不思議議である。それにもかかわらず、行政処分における特殊性（法律関係の早期安定）という根拠のない（というか、そもそも矛盾すらある）ドグマを教科書の説明として、多くの専門家は理解してしまう。

さて、ここでは統計データの話をする、という主題であった。再調査の請求と税務訴訟は国税庁がデータを毎年公表していて、そのデータには過去10年分の統計もグラフでみやすく掲載されている。新規件数や、認容率などのデータである。国税不服審判所の審査請求のデータは、国税不服審判所が公表している。わたしたちは、これらのデータをそれぞれのホームページにアクセスすれば、みることができる。

近年の特色としては、審査請求及び訴訟の認容率（納税者勝訴率）の低迷が挙げられる。これを（狭義の）「冬の時代」と、わたしは呼んでいる。税務訴訟の件数は7年連続で減っている。わたしが弁護士として税務訴訟に関与していたころは、統計データの過去10年分よりまえであるが、かつては年間500件を超える訴訟提起があったときもあった。その後は減り続けて、直近のデータ（平成30年度）では、ついに2

00件を割った。このように新規件数も減っていることをあわせて、（広義の）「冬の時代」と、わたしは呼んでいる。

こうした税務訴訟の件数及び認容率低迷の原因は、平成23年に国税通則法が改正され手続が厳格化したことが挙げられる。税務調査の件数が減った（改正法施行後には3割減少した）ことで、課税処分の件数が減ったからである。かつて、平成18年前後に、国税の敗訴率（納税者からみた認容率）が18％近くあった。これらは強引な課税処分によりもたらされたものだった。当時の国税当局は、裁判をされても3割勝てればいいから課税しようという方針だったからである。これを「アクティブ課税」と呼ぶとする。

こうした敗訴件数の増加を受けて、国税は「アクティブ課税」をやめ、慎重な課税になった。これが、冬の時代の原因だと思う。つまり、「冬」とは、あくまで形式・外形上のことになる。納税者にとって「裁判で勝てなくなった」という意味では決してない。じつは、このように受け止めることができるデータなのである。

実際、こうした冬の時代においても、本書でもいくつか挙げているが、課税処分を取り消す裁判はなされている。もっとも、かつて18％あった納税者の裁判の認容率が3％というのは、寂しいデータである（認容率のデータには、一部認容も含まれている)。令和元年度については、ユニバーサル・ミュージック事件をはじめ、納税者勝訴の判決が多かった印象がある。おそらく、認容率は上がるであろう。

つまり、税務訴訟の件数及び認容率の低下は統計データとしては寂しい限りであるが、内容に大きな問題があるとは思えない。

これに対して、国税不服審判所の認容率の低迷は、どうしたものなのか。もともと、行政機関とはいえ、事実認定においては職権による審理が可能な審判所は、厳格な立証が求められる（人の発言は反対尋問を経た証人尋問が必須である）裁判と異なり、ゆるやかに審判官の裁量で資料収集や関係者からの事情聴取ができる。こうして、認容率が高い場所であるはずであった。審査請求の認容率は、かつては12～14%があたりまえであった。

それが、平成25年度以降、訴訟のような認容率の低さ（数パーセント）になってしまっている。くしくも、この年から民間登用が進められ、審理をする審判官に年間50人の任期付き民間登用が実現している（国税不服審判所「国税審判官（特定任期付職員）の採用について」）。公表されているこの統計データによれば、民間登用者数は、平成19年度が4名、平成20年度が5名、平成21年度が8名、平成22年度が18名、平成23年度が31名、平成24年度が44名、そして、平成25年度に50名に到達してから、令和元年度まで7年度にわたり50名体制をキープしている（ただし、平成28年度及び令和元年度は49名）。

審査請求の代理人をしていたころ、確かにこの時期から、どの審判所でも審判官のひとりに民間登用者（多くは弁護士。税理士、公認会計士などもいる）がいるようになった。法的な話がしやすくなり、代理人からみて審査請求は進めやすくなったと感じていた。

しかし、肝心の認容率は、伸びるどころか下がっている。実際、事実認定が争点の審査請求で、明らかに国税側の証拠が不十分である事件であったにもかかわらず、審判所で取り消されることがなく、裁判でようやく取り消された事例を代理人として経験したことがある。これなど、担当していた審判官は弁護士であったが、どうして、客観証拠が不十分過ぎるなかで、国税職員の税務調査による関係者の聴取書だけをたよりにしてなされた強引な課税処分を適法と判断したのか不思議であった。

とはいえ、わたしの弁護士仲間にも審判官経験者がいる。彼ら彼女らの話を聞くと、裁判官ではないため、自分の考えどおりに裁決はできなかったというジレンマを聞く。裁判官には、職権行使の独立が憲法上保障されている。これに対して、審査請求の裁決は、全国どの審判所であれどの審判官の担当事件であっても、国税不服審判所長の名前でなされる。訴訟と異なり、審査請求は、審判官個人の考えでは結論が出せない仕組みになっている。

実質的には、どちらも裁判である。しかし、行政によるものと、司法によるものとで違いが明確になる場面である。

ただし、そのような本質的な違いから、審査請求の認容率が、民間登用者の増加にもかかわらず変わらなかった、ということではない。民間登用者数を増やしたのに、認容率は明らかに減少してしまったのである。この関係は、どうみるべきか。

もちろん、両者の間に関係はない、という答えもあるであろう。しかし、統計データをみると、民間登用が50人体制に完備された平成25年度から審査請求の認容率は明らかに減少している。過去10年でみると、平成21年度から24年度は、14・8％、12・9％、13・6％、12・5％と高値だったのが、平成25年度に7・7％と突然1桁台に減少し、その後も、平成26年度及び27年度はいずれも8・0％、28年度に12・3％にいったん回復したかにみえたが、29年度は8・2％、30年度は7・4％という状況である（国税不服審判所「平成30年度における審査請求の概要」）。

民間登用には、どのような効果があったのか。そろそろ、検証されなければならない時期に来ていると思う。コラムを公開したり、弁護士などの職が増えたりしたということでは、もちろんない。それはそれで、よい面はもちろんあるだろう。コラムは面白いかもしれないし、税実務の公職経験が任期付きでできる弁護士にはありがたい話であろう。

そうではなくて、審査請求の利便性にどのような貢献があったのかの検証である。本来は、認容率が上がることが求められたのではないか。個人的にはそう考えている。もちろん、そうではない効果があったのであれば、意味はあったといえる。さて、何があったのだろうか。

50名という数ばかり公開していないで、民間人に給与を払ってまで審判官を毎年50名採用し続けていることの「意義と効果」も公表すべきでないだろうか。

16

法律主義の行方①——通達との向き合い方

課税を行うには、法律の定めが必要である。憲法84条が定める租税法律主義である。法律が求められるのは、主権者である国民が選挙で選んだ国会議員が国会で審議して決めることができる対象だからである（法律主義の民主主義的側面）。

権力側から課税権を奪い、自分たちのことは自分たちで決める。世界史的にはマグナ・カルタに淵源があり、アメリカの独立戦争のスローガンとされた「代表なくして課税なし」にも沿う考え方である。

このように教科書的には説明される法律主義だが、現実には国税庁長官による通達が税務行政における重要な細目的規定として意味をもっている。

もちろん、裁判になれば、通達が課税処分の根拠であると国税当局は主張することが厳しくなる。通達課税が通用するのは、行政機関による裁判である国税不服審判所の審査請求までだからである。

司法裁判所の審査では、当事者から主張があれば、そもそも法律の規定が憲法に違反しないかという違憲審査すら行われる。通達の規定が課税処分の根拠であるなどと国側が主張したとしたら、法律主義に違反するとされよう。

こうして、法律主義は裁判の場では意味をもつことになる。実際には国側は裁判になれば、税法の具体的な規定に基づき課税したと主張する。そして、「その法律の規定の解釈に際して、通達の細目的な規定を参照したに過ぎない」ということになるであろう。

そうすると、通達の規定に基づき課税をしたのではなく、法律の規定に基づき課税をしたことになるから、法律主義違反の問題は生じなくなる。

そこで問題になるのは、その通達が定める税法の解釈は妥当なのか、法解釈として正しいのかということである。

一連の競馬事件で、国税当局は、一時所得にあたると主張した。通達の規定に、競馬の馬券の払戻金は一時所得であると定められていた。自動購入ソフトを利用した継続的・網羅的な馬券購入による多額の利益についても、一般の馬券購入と同じように考えたのである。

しかし、裁判所は、それを認めなかった。競馬の馬券の払戻金は通常は一時所得になるが、それは通達に規定があるからではない。所得税法34条1項が定める一時所得の要件を満たすからである。

所得区分は、名目で形式的に判断するものではない。その発生原因や性質を実質的にみて判断すべきものであるから、馬券の払戻金だからという理由でどんな場合でも一時所得とはならないことになる。こうして、大阪事件や札幌事件などの特殊な現代的なインターネット購入によって多額の利益を得続けるような行為は、一時所得の非継続要件を満たさず、雑所得にあたると判断された。

この際、裁判所は判決で、国税庁長官が発遣した通達規定は、あくまで行政庁の解釈に過ぎないこと、それが税法解釈において参考になることはあったとしても、一般国民や裁判所を拘束する法規範ではないことも述べている。

あくまで、通達は行政庁内部の解釈であり、拘束されるのは上官の命令に従う必要がある国税職員（税務署職員等）である、ということである。

しかし、そうすると、税務調査がなされそこで見解の相違があったとしても、税務署長はこの通達の規定の解釈を前提に、課税処分をすることになる。

これを争い救済を求める納税者は、再調査の請求や審査請求において、当該通達の規定は内容がおかしいと主張しても、行政庁による判断でそのような主張が認められることはない。当該通達の規定には合理性があると定型文のような文章で書かれた裁決書を、何度もみたことがある。これはその通達に拘束される行政機関の判断であるから仕方ない、ということになる。

ところが、それが裁判所に持ち込まれると、俄然、この通達の立場は危うくなる。司法審査が行われる裁判所では、通達は根拠にならない。通達に拘束されない納税者が原告となり、法解釈を自由に主張する。裁判所も通達に拘束されることなく、個別の税法の条文を解釈して判断することになる。

こうして考えると、通達とはダブル・スタンダードの側面があるかもしれない。

他方で、通達の規定は、非上場会社の株式や不動産の時価評価の方法を詳細に定めていて（財産評価基本通達）、これは財産の価値（時価）の評価方法として重視されている。

それは通達に拘束される税務行政だけではなく、税務に関する専門家である税理士もこの通達の規定による計算を行っているからである。取引相場のない株式を会社の規模に応じて異なる算式で計算し、それを前提に顧客（クライアント）が取引を行うときや、相続税対策などにおいて活用している。

ところが、今度はこの財産評価基本通達の規定どおりに時価を計算して評価していたのに、課税庁が当該評価通達の規定により算定された時価は、適切な時価をあらわしていないとして課税処分を行うことがある。

相続税法などが定める時価評価の争いは、裁判になるものも多い。通達の規定どおりに解釈するのが、納税者の側であることがある。財産評価基本通達どおりに路線価で時価を計算していたのに、「路線価は適切な時価をあらわしていない」として、国税当局側が提出した鑑定意見書の不動産評価の時価が認められた判決があった。令和元年に下されたもので、物議を醸している（東京地裁令和元年8月27日判決・金判1583号40頁）。

しかし、課税庁が主張するにせよ、納税者が主張するにせよ、租税法律主義は通達課税を認めていない。納税者に有利か不利かという問題で異なる思考ができるのであれば、納税者の側で恣意的な課税の選択ができることになってしまう。そこで、課税庁からの恣意的な課税ができないのと同様に、やはりできないとなるのが、論理的であろう。

財産評価基本通達の規定は、一般に時価評価において重視されている。予測可能性を保障する観点からも、これによるべきという考え方もあるかもしれない。しかし、課税は「法律」によりなされるべきとする「法律主義」の考え方を貫くと、その法律である相続税法などは「時価」としか定めていない。

その法律が定める課税要件である「時価」がいくらかを計算するにあたっては、相続税法に一定の定め（法定評価）もある。しかし、株式についても不動産についても定めはない。そこで、現実には財産評価基本通達で計算するといくらになるかをまずは、課税庁も納税者もみることになる。

しかし、通達規定による時価算定が、現実の売買実例や客観的な鑑定により計算された時価と大きく乖離がある場合は、どうするか。

こういう問題が昔からあって、税務訴訟ではくりかえし争われてきた。路線価の問題も、この種の問題のひとつだと捉えることができると思うのだが、どうだろう。それとも、路線価については特別で、他の考え方ができるのだろうか。

税法思考とは、このように、論理的に、つまりロジカルに考えていくことである。といっても、法解釈に絶対的な答えはない。最後は、最高裁判例によることになる。そのまえに納税者、課税庁とそれぞれの立場から、自己の主張を説得的に論じるために、理論構成が必要になる。

「形式論と実質論」あるいは「原則論と例外論」という思考法があることは、すでに述べた。これに付け加える視点があるとすれば、いまみてきたような「○○と同じであると考えるか、○○とは違うと考えるか」という視点もある。

同じという場合は、原則を貫くだけなので、筋がとおりやすい。違うという場合には、原則とはなぜ違うのかその例外になる具体的な理由を述べる必要がある。そうすると、その場合に、形式的には同じにみえるかもしれないが、××の点で実質的には違うという議論ができるだろう。

そうすると、「形式論と実質論」「原則論と例外論」という視点は、やはり生きてくることになる。最後は、価値判断になる。

忘れてはならないのは、裸の（条文を離れた）価値判断ではなく、法律主義を前提にした価値判断でなければならない、ということである。

17

法律主義の行方②——立法趣旨との付き合い方

法の解釈を行うにあたって、その条文が制定された趣旨目的を勘案することは、ごく自然なことである。

なぜかというと、法律の条文には必ずその趣旨目的があるからである。これを立法趣旨といったり、単に趣旨といったりする。

ところが、税法解釈となると、とたんに立法趣旨に言及した判決文があれば、鬼の首をとったかのように、「この判決は『趣旨解釈』をしていて、おかしい」という人がいる（学生に多いかもしれない）。

趣旨解釈というのは、税法独特の言い回しだと思う。税法（租税法）のバイブル的大著である金子租税法（金子宏『租税法〔第23版〕』（弘文堂、２０１９年））をみると、税法解釈の部分で文理解釈が原則であり、趣旨解釈は原則許されないと説明されている。

法学入門では、趣旨解釈などという解釈名は登場しない。税法研究者が使う、独特な解釈名ではないかと思う。実際、わたしは税法の世界に来るまで、法学部時代から司法試験、弁護士と長い間にわたり、そのような言葉を聞いたことがなかった。

大学の法学部に入学すると、初期のころに法解釈の手法について学ぶことになる。ここでは、条文の規定を文言どおりに読む「文理解釈」はそれほど大原則だとは、そもそも強調されない。

解釈のひとつとして「文理解釈」があり、「目的論的解釈」がある。「拡張解釈」や「縮小解釈」、さらには「勿論解釈」「比較法的解釈」「論理解釈」「歴史的解釈」など、様々な解釈が説明される。こうして法学部に入学した学生は「法解釈って何でもありなんだ」と、まずは衝撃を受ける。

これに対して、税法では、租税法律主義の意義が強調される。憲法で保障された財産権が国民にはある。しかし、いわば合法的に財産権を侵害して強制的に徴収できるのが税金である。その根拠を定めた法律が、税法ということになる。そのため、税法は侵害規範であるから、その解釈は条文に規定された文言から読み取れる範囲にとどめて解釈が行われるべきだ、という「厳格解釈の要請」が働くことになる。

こうして文理解釈が大原則であると説明されるのだが、条文には書かれていないその規定の趣旨目的を考慮した解釈をしてもよい場合もあると解されている。

それは、その文言の意味が一義的に明らかではない場合である。文理解釈といっても、文言だけからは読み取れないものもある（あるいは複数の解釈が成り立つ場合がある）。そのときは、なぜその条文が制定されたのか、立法趣旨を考慮してもよいという。これを税法では「趣旨解釈」といっている。

法学入門でいう「目的論的解釈」にあたると思われる。しかし、税法はこうして文理解釈の原則があるので、文言にない趣旨を考慮して目的から行う解釈に対する批判は強い。税法は民法と異なり、毎年の税制改正がある。「都合がわるければ改正すればよいではないか。税法は」という説明には、もちろん合理性はあるだろう。

といっても、税務判例を読めば、かなりの解釈で、趣旨に言及がなされている。これをみて、「趣旨解釈なので判例に反対」といった私見を、学生の判例報告などのレジュメでよくみかけるのだが、税法ドグマのように思えてならない。

税法ドグマとは、文理解釈絶対主義のような考えを指す。そのような言葉は聞いたことはないが、わたしがずっと感じている異和感を総称した造語である。

税法ドグマに支配されている税法関係者は多いため、「それは税法ドグマじゃないですか」などとは、なかなか公言できないのだが、本書はわたしのエッセイなのであえて書かせてもらうと、税法も「法」のひとつである。

そして、その法においては、先に述べたように、文理解釈は特に重視されておらず、複数ある解釈のひとつに過ぎない。確かに、まずは文言を読もうとなるのは、税法以外の法でも同じではあるが、しかし、民法をみれば、あるいは憲法を読めばわかるように、日本の法はそもそも条文の文言を読むだけでそのまま解釈できるようには書かれていない。

だからこそ解釈が重要になり、解釈を示した判例を勉強するのである。その判例が、法解釈をする際に、税法であっても、趣旨に言及するのは当然のことではないだろうか。

その条文の文言から読み取れるか読み取れないかにかかわらず、解釈をしている時点で、文言だけでは明確ではないのではないか。

であれば、なぜその条文が規定されたのかを考え、その立法趣旨に言及しながら解釈を進めるのはあたりまえではないだろうか（裁判官がそう思って判決を書いているであろうことは、容易に想像がつく）。

判例をみればわかると思う。例えば、租税特別措置法が定める交際費等の争いであれば、交際費等の損金算入が制限された立法趣旨に裁判所は必ず言及する。法人税法が定める役員給与の損金不算入の規定でも、同様である。

所得区分の争いになれば、そもそも、なぜ所得税法が10種類の所得区分を設けたのか、その立法趣旨に言及してから、判断基準が定立される。

これは一例だが、どの判決文を読んでも、税法解釈においては趣旨に触れられている。このことと、文理解釈が原則であるという税法の厳格解釈の要請が矛盾すると考えるのは、まさに税法ドグマであると思うのだが、いかがだろう。

ちなみに、わたしは「税法解釈のあり方―文理解釈は正しいのか」という論文を2016年に公表している（青山法学論集58巻2号（2016年）73頁）。この論文では、過去の最高裁判例が税法解釈にどのように取り組んできたのかを分析した。厳格解釈の要請としての文理解釈が原則となることはもちろん認めてそこから出発し、「では、どのような場合に文理解釈の原則から解放され、趣旨解釈ができるのか」という問いを立てて検討をした。

ここにいう趣旨解釈は例外として位置づけている。他方で、税法の固有概念の解釈においては当然に趣旨がみられるべきだという考えがある。この点は、この論文の続編で書いている（「所得区分における税法解釈のあり方」青山法学論集59巻4号（2018年）71頁）。

いずれにせよ、ここで取り上げる趣旨解釈というのは、文理解釈とどのような関係に立つかを考える必要があると思う。

論者により異なる部分があると思う。しかし、立法趣旨をみるのは当然だという話と、税法解釈の厳格性の例外として位置づけられる趣旨解釈の話とは、共通する部分があるとしても、完全には一致していないと考えた方がよいだろう。

判決文が趣旨に言及したら、「はい、趣旨解釈。文理解釈に違反します！」というゲームのような反射的反応が、先に述べた税法ドグマである。そうではなく、税法の条文を解釈する必要がある場面において裁判所は、「その立法趣旨をみるのはあたりまえだよね」と思っているはずで、それが即、厳格解釈に反するというのは「何か違うのではないか」ということである。

このニュアンスを伝えるのはとても難しいのだが、わかるだろうか。

たとえば、「この橋を通行するときには、車両の重量に応じて通行税を課する。ただし、やむを得ずこの橋を通行せざるを得なかったときは、この限りではない」というルールがあったとする。そして、どのような場合が例外的に通行税が課されない「やむを得え」ない事由にあたるかを解釈するとしよう。この場合に、そもそも、なぜこの橋を通行する場合に通行税が課されることになったのか、その立法趣旨をみることは必要だろう。

それをみずして、「やむを得ず」という文言の意味を、国語辞典だけで調べてそのまま解釈しようとすることに、どれだけの意義があるのだろうか。

もちろん、「まずは言葉の意味によるべき」というのはわかる。しかし、その言葉を使ってなぜその条文が規定されたのかを考えない解釈などあるのか、という疑問である。

問題は、その立法趣旨が資料に明確に残っていないものもある、ということだろう。例えば、ヤフー事件の最高裁判決では、法人税法132条の2が定める組織再編成の行為計算否認規定の立法趣旨が「制度の濫用を防止することにある」という前提で解釈がなされている。これは調査官解説を読むと、当時の複数の立法資料に明記されているからそのように読むことが十分にできると説明されている。

しかし、そのことは、法人税法132条の2という条文には何も記載されていないのである。そうすると、こうした租税回避の否認規定の解釈においては、立法趣旨の考慮は重要になるということもできるかもしれない。

この場合、文理解釈の原則はどうなっているのだろうか。所得や所得区分などの税法が独自に定める固有概念の解釈において、趣旨解釈がなされることは問題ないと述べた。さきほどのその考え方からすると、租税回避の否認規定についても税法が独自に定める条文なのでやはり趣旨解釈に問題はないという方向にいきつくようにも思う。

この点は、まだ未公表なのだが、いずれ「税法解釈の論文」の第4弾あるいは第5弾あたりで書こうと思っている。

なお、その第3弾は、今年の3月に公表予定である。「経済的成果をめぐる税法解釈のあり方」をテーマにした。これは、本書でも少しあとで述べる。

法律主義の行方を書くつもりが、税法解釈の話になったかもしれない。ポイントは、法律主義といっても、法律には趣旨は書かれてない。しかし、法律の規定する条文には、当然ながら立法趣旨が必ずある、ということである。

そして、それを前提にしながら、租税法律主義というものを論じなければならない、ということを忘れてはないだろうか、という問題提起であった。

法学入門の授業を毎年、法学部の新入生に担当している。そこでは目的論的解釈について、2つの考え方を紹介する。立法趣旨をどのように捉えるかという問題なのだが、ひとつは立法当時の趣旨目的によるべきとする見解である。もうひとつは、現在の趣旨目的によるべきという見解である。例えば、憲法9条で考えるとどうなるだろう？　特に自衛隊について考える例を挙げることにしている。

税法では、このよう趣旨の変化はないはずである。なぜならば、憲法と違って、税法では必要に応じて何度も条文の規定自体が改正されているからである。

18

意味のない質問なのか？

―ディベート思考で考えてみる

「意味のない質問だよ」と国会答弁で述べた総理大臣の言葉が、報道で取り上げられていた。その発言の適否はともかく、この答弁を引き出した議員の質問は、そもそも「質問として適切でなかった」と、ディベートであれば指摘をされる内容だったと思う。

学部のゼミは、毎年秋に四大学ディベート大会に参加している。土日の二日間にわたり総当たりで、わたしの勤務校の大学を含めた4つの大学の税法ゼミがディベートをする。テーマは、判例や政策である。この大会は昨年が第29回大会だったのだが、今年は記念すべき第30回大会で、30年の歴史がある。

大学院でも、院生とゼミ生との対戦なども組み合わせた院生ディベート大会を、毎年6月ころに開催している。こうした法学ディベートには、ルールがある。

例えば、8分間の質問タイムがあるのだが、この8分間は「質問」しかしてはいけない。相手チームは「回答」しかしてはいけない。その8分を交互に行うので、まず8分間先攻チームが後攻チームに質問をする。後攻チームはこの間は回答をする。その後、後攻チームが先攻チームに質問をする。同じように8分間である。先攻チームは回答をする。

その前提としては、それぞれテーマについて、判例の場合には、納税者側と課税庁側に分かれて、「立論」という主張書面を提出し、それを5分で読み上げる。この主張を前提に、お互いに相手チームに対して質問をし、質問を受ける側は回答をすることになる。

評価されない質問の例は、こうである。まず学生がディベートに慣れないうちによくやるのは、質問の中に自分の主張を入れてしまうものである。

例えば、「わたしは、こう思う」というのは、立論に書いた主張を繰り返すだけで、相手に対する質問ではない。

これが、少し進んで「わたしはこう思うけど、どうですか？」というのも、下手な質問である。なぜかというと、これは質問の形式にはなっているが、いわゆるオープン・クエスチョン（開かれた質問）と呼ばれるものになっているからである。オープン・クエスチョンは的確に使えば意味があるが、不用意に使うのはよくない。なぜかというと、自分の主張を述べて「あなたはどう思うか？」と聞いたところで、相手は「わたしはそうは思わない」と反論し、自分の主張を正面からオープンに何でも述べることができてしまうからである。質問は、テーマそのものの見解を抽象的に聞くのではなく、具体的な事柄をひとつひとつ丁寧に聞いていくことが必要になる。

ディベートは立場を決めて、与えられたテーマについて、主張を論理的に戦わせるゲームである。それにもかかわらず、大声を出したり、威嚇的な態度をとったりする人が、ディベート下手にいる。これは、ディベートを完全に口喧嘩と誤解している。聞いている審査員の心証を害するだけで、このようなマナーのよくない質問をするディベーターは、まず勝てないだろう。

同じように、8分という時間が限られているのに、質問の時間に主張を延々と語る人がいるが、これもマナー違反である。そもそも質問になっていないし、質問タイムなのに長々と自説を主張することに時間を費やすことになる結果、相手が回答する時間を奪っているからである。これは意図しているか、意図していないかにかかわらない。もし意図しないでしていたのだとしたら、相手に対する敬意や配慮がないというほかないし、通常は意図してやっているから、まさにマナー違反なのである。

質問をする際に「はいか、いいえでお答えください」を連発するディベートもマナー違反になる可能性がある。相手がどう答えるかは、相手の自由であるはずだからである。誘導的なものは、適切な質問とはいえない。

それから、相手を侮辱する質問などもってのほかである。大幅に減点されるだろう。

では、どういう質問がよい質問か?

それは、まず、意見を入れないことである。「わたしはこう思うが」という主張を質問には入れない。なぜなら、繰り返しになるが、これは質問ではなく主張（意見）だからである。

また、質問に主観や誇張などを織り交ぜた質問も、稚拙というほかない。質問に入れる内容は、具体的であり、客観的である必要がある。そうでなければ、そもそも、回答する側は、「質問の設定がおかしいと思いますが？」と言い返さなければならなくなってしまう。しかし、回答側は本来回答しかできないから、逆質問は許されていないのである。

この点で、質問に誤導が入るのも、上手とはいえないことになる。

クローズド・クエスチョンを上手に使い、相手を追い詰めていくのが、一般的には良い質問だと考えられている。「一般的には」というのは、裁判の証人尋問や、法学ディベートにおいてである。

その際には、「はい」としか答えられないような具体的な事実をつけていくと、よい。こうして外堀をうめてから、最後に相手にズバリの本質をつきつける質問をするのであるが、ここでそれまで「それはそうですね」と相手に答えさせ続けたクローズド・クエスチョンが役立つことになる。もちろん、ディベート上手な相手は、そもそも簡単には「はい」とは言わないだろう。しかし、事実としては認めざるを得ない質問を上手に考えることはできるだろう。その意味でも、質問に主張や意見、主観は入れてはいけないのである。

具体例を示そう。りんご生産組合事件の最高裁判決を素材に、ディベートをするとしよう（最高裁平成13年7月13日第二小法廷判決・訟月48巻7号1831頁）。判例の事実に即して、「民法上の組合員が組合から得た金員は、給与所得にあたるか？」というテーマである。例えば、次のような質問は、下手な質問といえる（なお、ここでは給与所得にあたると主張する納税者からの質問を想定する）。

「わたしたちは、本件金員は給与所得だと考えているのですが、そう思いませんか？」

「わたしたちの書いた立論を読んで下さい。どう考えても、給与所得としか考えられないですよね？　それなのに、あなたがたは、なぜ事業所得だというのですか？」

「りんご生産活動をした対価として支払われたのが本件金員ですよね？　はいかいいえかでお答えください。（そうでない回答が来て……）ですから、はいかいいえでお答えください」

「組合側は労務費として支給したのだから、給与所得でしかないですよね？」

さて、このような質問は上手ではない。表現を変えれば、練られていない質問といえるが、これは裁判の尋問のルールにも似たようなことが定められている。例えば、民事裁判でいうと、以下の規定がある（民事訴訟規則115条1項、2項）。

第百十五条　質問は、できる限り、個別的かつ具体的にしなければならない。
2　当事者は、次に掲げる質問をしてはならない。ただし、第二号から第六号までに掲げる質問については、正当な理由がある場合は、この限りでない。
一　証人を侮辱し、又は困惑させる質問
二　誘導質問
三　既にした質問と重複する質問
四　争点に関係のない質問
五　意見の陳述を求める質問
六　証人が直接経験しなかった事実についての陳述を求める質問

これらは、証人尋問のルールなので、もちろんディベートとは異なる観点も含まれている。しかし、大きな意味では共通性もあるといえるだろう。

いずれにしても、冒頭の話に戻ると、国会における総理大臣に対する質問（他の国務大臣に対するものも同様）をみていると、そもそも、これは「質問」なのだろうか？　と首をひねるものがとても多い。

まず、意見、主張が極めて多いし、大声でどなったり、相手を威嚇したりするマナー違反の質問が基本姿勢としてあるようにもみえる。誇張、断定が含まれた質問もとても多い印象である。そもそも、冒頭の例は予算員会だったようである。過去に問題とされた事実を列挙し、上層部が腐っているという主観的評価を示す。その上で（少なくとも、価値判断により評価が分かれる事項を前提にした上で）、「もう辞めた方がよいのでは？」という意見で締めくくられていたようである。これはそもそもテーマに関係のある質問だったのだろうか。

質問は事実に即して具体的であるべきである。「責任をとるべきではありませんか？」とか、「そろそろ身を引くべきではありませんか？」など、質問したところで否定されるに決まっている。こうした抽象的な意見を含めた質問も、国会審議には多い印象がある。

裁判の尋問の手法をマスターせよとはいわないが、学生がマスターしている法学ディベートの技術くらいは使ってもらいたいものである。若い学生に示しがつく練られた質問の見本をみせてもらいたいところだが、国会とはそういうパフォーマンスというか、「主義主張をぶつける程度の場のようだ」と、若い学生は幼いころにすでに感じていると思う。

こうして質問方法が洗練されていないため、「意味がない」というより、「質問になっていない（あるいは質問の仕方が適切でない）」と、ディベートを扱っている人間の目には映ってしまっていることを指摘しておきたい。

19

税法解釈とは？①——借用概念のあらたな視点

税法解釈を考える際によく問題になるものの1つに、借用概念がある。借用概念とは、税法以外の他の法分野で用いられている法概念を、税法が定義規定を設けることなく用いている場合をいう。

例えば、所得税法でも相続税法でも、「住所」という概念が納税義務者を画するひとつの要素として用いられている。税法には、その「住所」の定義規定はない。住所については、民法に規定がある。所得税法も相続税法も、この概念を民法から借用している。

剰余金の配当を受けた者に配当所得として所得税が課されることや、匿名組合員に利益の分配を行う営業者に源泉徴収義務が生じることなどを定めた所得税法の規定がある。ここにいう「剰余金の配当」や「匿名組合」、そして「利益の分配」については、やはり所得税法に定義規定はない。これらは、会社法及び商法に規定がある。

こうしたものが、いわゆる借用概念になる。

借用概念が税法解釈で問題になるのは、「同じ文言で表記された概念でも、異なる法律で規定されているのであれば、法律ごとにその意味を確定すればよい」と、一般の法解釈では考えられているからである。これを「概念の相対性」という。

たとえば、「人」という概念がある。民法では全部露出説といって、母体から胎児の全部が露出されて初めて「人」となり、民法上の権利能力などが認められることが原則である。しかし、別の法律である刑法になると、殺人罪にいう「人」は一部露出説が採用されている。母体から胎児の一部が露出した段階で、その全部が露出していなくても「人」になる。そこで、これを殺せば殺人罪が成立する。ちなみに、「人」になるまえの胎児を殺せば堕胎罪になる。「人」といえるかどうかで、刑法では犯罪名が異なる。ちなみに、さきほどまで「人」であったとしても、死亡後の遺体に包丁やナイフで刺しても「人」ではない。この場合に殺人罪や殺人未遂罪は成立せず、死体損壊罪になる。

たかが「人」と思うかもしれないが、刑法では「人」かどうかで成立する罪名が異なり、法定刑も変わってくる。犯罪の構成要件に違いが生じる「人」概念は、その分水嶺が極めて重要になる。

税法でも、住所が日本にあるか外国にあるかで、日本の税法上の納税義務が生じるかどうか変わる場合がある。つまり、課税要件の1つである納税義務者の該当性に、住所が関わる場合がある。

もう1つの例では、剰余金の配当なのか、匿名組合員に対する利益の分配なのかによって、所得税法上の納税義務が生じるかどうかにも影響がある。

こうして、借用概念は、納税義務が生じるかどうかという課税要件の解釈にかかわることになる。この場合、借用元の概念と同じ意味に解釈するべきだというのが、最もシンプルな考え方であろう。これを統一説という。

判例・通説は、統一説を採用している。住所概念についても、剰余金の配当についても匿名組合についても、匿名組合員に対する利益の分配でも同様である。

ただし、先に述べたように、法学では一般に「概念の相対性」が認められている。同じ文言が使われている以上、別の法律でも同じ意味に解すべきということは、大きな理由にはならない。民法と相続税法は別の目的をもって定められた法律であるし、商法・会社法と所得税法も別の目的をもって定められた法律だからである。

では、なぜ税法解釈において、借用概念は統一説が判例・通説なのか。

それは、税法が侵害規範であること、租税法律主義が採用されていることに関係する。侵害規範である以上、税法解釈は厳格になされるべきとの厳格解釈の要請があることが1つである。もう1つは、課税に対する予測可能性や法的安定性が保障されるべきことが、租税法律主義の要請としてあるからである。

そうすると、民法・商法・会社法と異なる意味に捉えるのであれば、税法の規定を設けるときに、別の概念としてみることを条文に明記すべきということになる。したがって、税法に明記されていないのであれば、借用元の概念と統一的に同じ意味として採られるべきということになるのである。

この点で、例えば、法人税法が役員について定義規定を設けて、商法・会社法とは異なる意味であることを明記していることが、このような解釈を正当化する根拠として参考になるであろう。

商法・会社法上の役員（取締役・監査役等）でなくても、法人税法では、経営に事実上参画する者は、従業員であっても「役員」とみなされると規定されているからである。具体的には「法人の取締役、執行役、会計参与、監査役、理事、監事及び清算人並びにこれら以外の者で法人の経営に従事している者のうち政令で定めるものをいう」と、法人税法上の「役員」の定義はされている（同法2条15号）。

なお、国税当局は、統一説ではない見解を裁判で主張することが多い。独立説と呼ばれるものだが、武富士事件の控訴審では独立説的な立場が採用されていた。民法上の住所概念が客観的な居住の実態で判断するものとされているのとは異なり、相続税法上の住所では居住意思も考慮して判断すべきという考え方であった。しかし、最高裁では否定され、統一説が採用された。

このような借用概念であるが、留意すべき点が2つある。

1つは、借用概念の判例・通説である統一説は、あくまで原則的な捉え方と理解されている点である。つまり、借用元の概念と同じ意味に解すべきというのは、あくまで原則である。税法規定の解釈において明らかに別の概念として読み取るべきといえる場合には、統一説といえども別概念と解することを否定していない。これは、最初に説明した「概念の相対性」からすれば、当然のことといえる。しかし、税法解釈の特殊性からすると、これは「例外」に位置付けられる。

もう1つは、取引法と規制法で借用概念の税法解釈は同じなのか、という点である。近時、不妊治療のために医師が処方したサプリメントの購入費用が医療費控除を定めた所得税法の要件に該当するかが争われた訴訟があった。薬事法（現在は薬機法）上の「医薬品」と、所得税法上の「医薬品」が同義なのかが問われた。

高裁判決を引用すると、次のとおりである。

「……所得税法73条2項及び施行令207条2号の『医薬品』が薬事法2条1項の『医薬品』の概念を借用したものであることから、それぞれの医薬品の意義、内容も当然に同一のものとして解さなければならないということになるものではない。

……所得税法73条2項及び施行令207条2号の『医薬品』というのは、薬事法2条

1項所定の『医薬品』の概念を借用するものではあるが、薬事法の趣旨、目的と医療費控除制度の趣旨、目的との違いからそれぞれの『医薬品』の意義、すなわち、それぞれが対象とする医薬品の範囲にも自ずから違いがあるというべきであり、課税上の法的安定性及び公平の観点に照らすと、所得税法73条2項及び施行令207条2号の『医薬品』は、薬事法2条1項に該当し、同法の規制の下に厚生労働大臣の承認を受けて製造販売されている医薬品をいうものと解するのが相当である。」（東京高裁平成27年11月26日判決・訟月62巻9号1616頁）

この裁判を契機として議論されているのが、取引法と規制法の違いである。先に挙げた例は民法・商法・会社法という取引について定めた法律（取引法）の概念であった。この考え方が、国民の生命・健康等を守るために規制目的で制定された法律（規制法）の概念でも、同じようにいえるのか。

繰り返しになるが、法学では一般的に「概念の相対性」が承認されている。これは、異なる法律間ではもちろん、同じ法律のなかでも目的の異なる規定がある場合にも妥当する。税法以外の法解釈では、同じ文言が使われていたとしても、それぞれの規定の目的に沿うように異なる解釈が行われてもよいという考え方がなされているからである。

税法も「法」である以上、この法解釈の一般的な考え方を完全に排除することはできない。しかし、そのなかで、税法の特殊性をどこまで加味して解釈を行うべきか。税法解釈における借用概念を考える際に、忘れてはならないことだと思う。

借用概念は、文理解釈と同程度に税法ドグマが出やすい印象がある。ここでは、そもそも、借用概念という考え方自体が、税法に独特であり、他の法分野ではそもそも議論されていないことを指摘しておこう。

ちなみに、借用概念は講学上の概念だったが、最近の判決には学説がほぼそのまま引用されたものもあらわれている。

利益剰余金と資本剰余金の双方を原資とした混合配当のみなし配当該当性について判示された、令和元年の高裁判決である。


「　法人税法1条は、同法が、法人税について、納税義務者、課税所得等の範囲、税額の計算の方法、申告、納付及び還付の手続並びにその納税義務の適正な履行を確保するため必要な事項を定めるものであることをうたっており、各規定の解釈は、その趣旨を踏まえて行う必要があるが、租税法は、本来、侵害規範であり、法的安定性の要請が強く働くから、その解釈は、原則として文理解釈によるべきであり、みだりに拡張解釈や類推解釈を行うことは許されないと解される。そして、文理解釈によっては規定の意味内容を明らかにすることが困難な場合に、規定の趣旨・目的に照らしてその意味内容を明らかにするのが相当である。

同時に、租税法規において、会社法等の私法で用いられている概念を用いている場合、すなわち、いわゆる借用概念が用いられている場合には、法的安定性の見地から、別異に解すべきことが明文で規定され、又は規定の趣旨から明らかな場合を除き、当該私法上におけると同じ意義に解するのが相当である」（東京高裁令和元年5月29日判決・公刊物未登載）

冒頭に税法解釈のあり方について「厳格解釈の要請」から「文理解釈原則」に言及した点は、最高裁の先例にならうものといえる。後半の借用概念の判示は、金子租税法のテキストを読んでいるようである。

学説が裁判所の判決に示された瞬間のようで、興味深い。同判決には国が上告受理申立てをしているので、どのような判決がなされるか注目である。

20

税法解釈とは？②——実質主義と形式主義の奥深さ

税法では、古くから実質主義をめぐる議論がある。明文規定があるものには、「実質所得者課税の原則」を定めた所得税法12条や法人税法11条などがある。

これは、所得が誰に帰属するかという人的帰属の準則を定めたもので、形式的な「名義人」ではなく、実質的な「利益の享受者」に所得が帰属することを定めたものである。

古い最高裁判決によれば、この規定は創設規定ではなく、確認規定であるとされている。つまり、もともと、この条文がなかったとしても、所得の帰属を形式ではなく実質でみるのは当然である、というのである。古い判決文なのでやや読みにくいが、次のとおりである（なお、正確にいうと、最高裁は、以下の判示をした原審の判断を支持している）。

「所得の帰属者と目される者が外見上の単なる名義人にしてその経済的利益を実質的、終局的に取得しない場合において、該名義人に課税することは収益のない者に対して不当に租税を負担せしめる反面、実質的の所得者をして不当にその負担を免れしめる不公平な結果を招来するのみならず、租税徴収の実効を確保し得ない結果を来す虞があるから、かかる場合においては所得帰属の外形的名義に拘ることなく、その経済的利益の実質的享受者を以って所得税法所定の所得の帰属者として租税を負担せしむべきである。これがすなわちいわゆる実質所得者に対する課税（略して実質課税）の原則と称せられるものにして、該原則は吾国の税法上早くから内在する条理として是認されて来た基本的指導理念であると解するのが相当である。」（最高裁昭和37年6月29日第二小法廷判決・税資39号1頁）

しかし、課税要件の充足を判断するにあたって、こうした人的帰属以外のものについては、実質的にみるべきなのか、形式的にみるべきなのか、特段の規定がないため、解釈が争われる例はあとをたたない。

この論点は、税法の教科書にも「実質課税の原則」であるとか「税法における実質主義」として紹介されている。そして、形式だけでみるのは、そもそも所得が経済的概念であることからするとなじまないと言われている（所得概念の経済的把握）。

この点は確かにそうだとしても（最高裁も、所得概念について「法的把握説」ではなく「経済的把握説」を採用していると評価されている）、所得の人的帰属のような明文規定がない課税要件についても、果たして実質的にみるべきという考え方（実質主義）を無条件に採用してよいのだろうか、という問題がある。

なぜ、問題になるか。実質は、表面にあらわれない内実を捉えることが必要になる。そこで、基準として曖昧になる側面があるからである。逆に、形式というのは表面にあらわれているものなので、基準としては明瞭である。他方で、形式だけで課税要件をみるのであれば、租税回避がしやすくなる。

しかし、実質主義を徹底すると、当事者が締結した私法上の効力は、税法上、容易に否定されることになる。そして、当事者の真意や意図などという曖昧なもので課税をされる。こうした危険が生じることになる。

こうして、実質主義が原則といわれながらも、現実にはこれを経済的実質ではなくあくまで法的実質によるべきだと捉える学説も有力である。ただ、実質というもの自体が目にみえず曖昧であるのに、さらにその経済的なものと法的なものを分けて捉えるというのは、どうだろう。なかなか一筋縄ではいかないようにも思われる。

考え方としては法的実質に限られるべきというのは説得力がある。しかし、実際の事例をみたときに、どの部分が法的実質であり、どの部分が経済的実質であるかを見抜くことは判断が分かれる可能性もあるからである。

ここで混乱しがちなのは、税法における課税要件事実の認定は外観によるべきという考え方も、他方であることである（税法における外観論）。

例えば、違法な所得であったとしても、その経済的利得を現に得ているのであれば、私法上の効力いかんにかかわらず、税法上は所得として課税されるという考え方は、古くから最高裁判例で言及されてきた（最高裁昭和38年10月29日第三小法廷判決・訟月9巻12号1373頁、最高裁昭和46年11月9日第三小法廷判決・民集25巻8号1120頁）。

例えば、最高裁昭和38年判決は、次のように述べている。

「税法の見地においては、課税の原因となつた行為が、厳密な法令の解釈適用の見地から、客観的評価において不適法、無効とされるかどうかは問題でなく、税法の見地からは、課税の原因となつた行為が関係当事者の間で有効のものとして取り扱われ、これにより、現実に課税の要件事実がみたされていると認められる場合であるかぎり、右行為が有効であることを前提として租税を賦課徴収することは何等妨げられない」

これは、私法上はその実質的な効力が違法、無効であったとしても、形式的な外観をみたかぎりで、経済的利得を得ているといえるのであれば、課税はされるということを意味する。

そうすると、「実質主義とこの外観論は矛盾するのではないか？」、「しないとしたら、どのような関係にあるのか？」という問題が生じるように思われる。

かねてからわたしの疑問としてあったのだが、これに正面から答えたものがなかなかみつからない。そこで、実質主義と外観論の関係について論文を昨年の夏に執筆した。ある税法学者の古稀記念論文集に掲載予定である。

ひとことで説明できるほど、単純なものではなかった。そこで、租税回避と私法契約の関係、そもそも実質的にみることが公平であることから定められた所得区分の判断など場面を分けて、近時の裁判例を検討してみた。それが正解といえるのかは、わからない。

そもそも、明文規定のある実質所得者課税の原則（所得税法12条、法人税法11条）の解釈適用についても、難しい税法のなかでも難解であると指摘する税法学者もいる。それくらい、概念の抽象性が強く、捉えがたい部分がある。

しかし、少なくとも実質所得者課税の原則には、実質によることが明文で規定されている。このことを租税法律主義との関係からみると、やはり実質主義によるべきことが明文に規定されている場合と、そうでない場合とでは分けて考える必要があるのではないかという結論に達した。

この原稿を書いている本日、日弁連税制委員会による税法研修で講演をした。そこに税法の大家の先生が聴きにいらしてくれた。講演後、わたしの下にかけつけて下さり、久しぶりにお話しをした。過去に喜寿記念論文集や古稀記念論文集のあるおひとりである。

1930年生まれの先生は、裁判官、訟務検事（課税庁の代理人）、大学教授、そして弁護士と、あらゆる立場で税法をみられてきた方で、今年90歳になられる。いまでもとてもお元気で、わたしの講演についても活発にご指摘してくださった。そして、講演中にわたしが「この論点については、来月刊行予定の青山法学論集に論文を公表予定です」とさりげなく言及したことも記憶してくださったようで、「青山法学論集の論文を楽しみにしています」とおっしゃってくれた。

45歳のわたしの2倍の年月を生きている方の笑顔に接し、すがすがしい気分になった。そのことを忘れないよう、ここに記しておくことにした。

21

税法解釈とは？③
―経済的成果をめぐり考えるべきことは何か？

税法解釈に「経済的成果」が登場する判決が増えている、そう感じたのは、この1年くらいの間であったと思う。

それは、最高裁平成30年判決（源泉徴収錯誤事件）、大阪高裁平成29年判決（クラヴィス事件）などを皮切りに、名古屋地裁平成29年判決（総会決議不存在退職金還付事件）、東京地裁平成28年判決（匿名組合源泉徴収事件）など、この2、3年の間に下された判決から生じたイメージだった。

といっても、判決が言い渡されても、すぐにはその判決文を読むことができるわけではない。最高裁判決の場合には、即日裁判所ホームページにアップされることが多いが、地裁、高裁判決はデータベースに掲載されるまで数か月近くかかることもある。また、判決文がデータベースにアップされたとしても、すぐに熟読するというわけではない。こうして、2、3年前の判決というのは、だいたいそのときにおいて「かなり新しい判決」というイメージになる。学説が取り上げる新しい判例も、こうしたスパンかと思う。

これらの判決を、連載や判例評釈、あるいは大学紀要で取り上げて研究し、執筆する。あるいは、演習授業の機会等を通じて判決文を読み、考え議論をする。こうしたことをしているうちに、「最近〇〇が多いな……」というように、キーワードがじわりと結びつく。

この筆頭が「経済的成果」をめぐる税法解釈であった。めぐる税法解釈といったが、「経済的成果」という文言が条文にあってそれを解釈しているのではない。いま挙げた判例は、いずれも、明文規定のないなかで「経済的成果」という概念を用いた法解釈を裁判所が行った事例、ということになる。

実際には、国税通則法や所得税法施行令に、「経済的成果」について明文を用いた規定がいくつかある。しかし、これをきっかけに過去のものもいろいろ調べてみると、裁判例の多くは、明文規定のないなかで「経済的成果」という概念を持ち出す解釈を行っていた。

明文規定があるのは、所得税法施行令141条と274条である。前者は、継続的な所得（事業所得、事業としての事業所得）などで、事後的変動が生じた場合にその事業年度の必要経費として処理する扱いを定めたものである。これに対して後者は、非継続的な所得（雑所得や業務としての不動産所得）などで、事後的変動が生じた場合に遡及して所得（収入）がなかったとする処理を行うための、更正の請求の特則として定められている。

いずれも、課税の原因となる私法上の法律行為に無効事由が生じた場合にどうするかの規定である。これが法人税、相続税、贈与税などの場合や、所得税でも源泉所得税の場合には、明文の手続規定が存在しない。

しかし、裁判所は、いま挙げた所得税法施行令の規定を参照して（実際には言及することもなく当然のようになのだが、参考にはしているはずである）、法規範として「経済的成果の喪失」があれば、課税要件を充足しないことになる旨の判示をしている。逆にいうと、「経済的成果の喪失」があるまでは、課税の原因となった私法上の行為に無効等の事由があったとしても、課税要件の充足は妨げられない、という。

この点で、後者の部分は、先に述べた「税法における外観論」にもつながってくる。こうしてわたしの関心は、「実質主義と外観論」と、これと関連するなかで行われている「経済的成果をめぐる税法解釈」というかたちで、いろいろな判決を読んでいるうちに明瞭になった。

前者についてはある古稀記念論文集（5月刊行予定）に論文を執筆し（昨年9月に原稿を書いた）、後者については大学紀要である青山法学論集（3月に刊行された。原稿執筆時は刊行前）に執筆した（昨年12月に原稿を書いた）。

そういうわけで両テーマは、密接にリンクしている。また、大きな意味での「税法解釈」という、少しずつ公表している論文テーマにも絡んでいる。

論文のテーマは、どのようにみつかるか。先日、日弁連税制委員会の研修担当をされている国際課税で著名な弁護士の先生にお昼をごちそうになったときに、そんな話題になった。

業界で著名な人の名前が挙がるなかで、「目次を書いてから、そのとおりに執筆を進めるタイプ」と、「項目程度のメモで書き進めるうちに、何が問題か明確になるタイプ」の2つがあるという、論文の書き方の話になった。なかには「一度下書きをしたあと、それを捨てて1からまた書き直す」というタイプもいるというお話しをうかがった。

それで思い出したのが、村上春樹のデビュー作『風の歌を聴け』（講談社文庫）のエピソードである。一度日本語で書いたものの、しっくりこない。それで、英語で書いてみて、それをまた日本語に翻訳した。そうしたら、あのかわいた文体ができたという。

わたしの村上春樹好きは前著（『税法読書術』）で書いたとおりだが、このデビュー作『風の歌を聴け』は、20回くらい読んでいると思う。おそらく毎年1回は必ず読んでいるし、年に2、3回読む年もある。

この原稿を書いている数日前にも、ちょうど買い直し（同じ本を10冊以上買っている)、『風の歌を聴け』を読み終えたところだった。何度読んでも、奥が深い。

最初の一文は、暗唱している。架空の作家であるデレク・ハードフィールドから主人公の僕が教わった「完璧な文章などといったものは存在しない」という一文である。1月ほどまえに、これを修士論文の執筆を終えた院生に話した。論文も文章もこの本もそうだが、完璧はないと。このように小説の文章も、応用して理解できる。

となれば、判決にも完璧はないだろう。ちょうど、この原稿を執筆している今日、最高裁平成30年判決の調査官解説を入手し読んだ。昨年に同じ調査官が書いたジュリスト登載のものは読んでいて、「経済的成果をめぐる税法解釈」の論文にも引用していた。しかし、同じ調査官が法曹時報に載せた最新の調査官解説では、さらにブラッシュアップされた論文になっていた。

調査官解説は、とても面白い。執筆者は、最高裁判決の下調べを担当したエリート裁判官である。税務判例の調査官は、数年後に、東京地裁の行政部の裁判長になるのが慣例である。過去をみているといずれは最高裁判事になる者も多い。彼ら彼女らが、民集または刑集に登載されたものについて、裏話的に解説を書くものである。民集・刑集とは、最高裁判例委員会が先例性の高い最高裁判例として毎年いくつかをチョイスした公式の判例集である。

判例を読み解くための大きな手掛かりとなるとし、調査官の私的見解とはいえ、現実には、下級審の裁判官はこれを参照している（弁護士時代に、税務訴訟の代理人として裁判にたずさわる際に、裁判長が調査官解説を読んで所見を述べるのを実際に経験したことがある）。ゼミなどの演習でも、学生の判例報告の際には必ず読むように指導している。

その調査官解説は、すぐに完成するものではない。最高裁判決が言い渡されると、その後に民集または刑集に登載されるものがあらわれる。登載された場合には、調査官が、判例タイムズや判例時報の匿名解説に所見を執筆するようである。

その後、ジュリストの「時の判例」にこれを少し詳細にしたものが掲載される。しかし、それで終わりではない。その後、さきほど挙げた法曹時報にさらに精緻化された調査官解説が掲載され、最後は最高裁判所判例解説民事篇または刑事篇に登載される。

注目判例なので、最高裁平成30年判決は、そのプロセスを追って逐一読んでいるのだが、本日みた法曹時報の調査官解説には、わたしの書いた論文（判例評釈）が5つ引用されていた。また、編集長をつとめる青山ビジネスロー・レビューに掲載した指導院生の論文も、2本引用されていた。

それだけこの最高裁平成30年判決は、キャッチ・アップしてきたものだった。別事件の未解決のものとして、地裁と高裁で判断が分かれ、控訴審（高裁）で納税者が勝訴したクラヴィス事件（大阪高裁平成29年判決）がある。「経済的成果の喪失」を用いた解釈を行っている。この点も3月に公表予定の論文で触れたので、また参照されるかもしれない。

調査官解説に掲載されるような論文を書けたらと思って、大学教員になってから5年間いろいろ書いてきた。最高裁平成30年判決は5つ論文が引用されていたので、その目標は達成できたように思う。

税法解釈との関係でいくと、論文に書いたのは、明文規定がないのに経済的成果の喪失を規範に入れた解釈を裁判所が行うのは、類推解釈ではないかという指摘である。この点に触れたものは、調べてもほとんどなかった。ただ、実際には類推解釈といわれても仕方のない面があると思う。先に挙げた所得税法施行令とほぼ同じ文言で規範を定立した判例が、数多くあるからである。

そうすると、税法解釈としては許されない類推解釈ではないか（文理解釈に反するのではないか）という問題も起きうる。しかし、そもそも、事後的変動の処理について手続的要件を定めた条文がないのである。何も書かれていない条文というか、条文がないなかで解釈を示している。そうなると、手がかりを他の条文に求めるのは仕方ないかもしれない。

いずれにしても、所得は、経済的に把握される。そこで、経済的成果を得たものには、その原因行為が私法上瑕疵があったとしても課税されるという理屈がある（前項に述べた最高裁昭和38年判決、昭和46年判決）。それを前提に「では、どんな状況になれば、課税されなくなるのか？」という問いを立てたときに、その「経済的成果」を「失った」といえる場合ならね、となる。

そうすると、所得概念の経済的把握（あるいは税法における外観論）に理屈としては整合していると考えることができる。であれば、税法解釈としてはありなのかもしれない。いずれにしても、どんな場合に課税されるかだけでなく、どのような場合に課税されなくなるのかについても、租税法律主義の観点からは明確に規定があるべきであろう。

というようなことを、論文には書いた。これからおそらくさまざまな問題として提起される税務訴訟をも見越してであるが、将来こうした判例を取り扱う調査官や裁判官に読んでもらえるだろうか。

重要であるのに論じられていないように思われる点を、補足しておく。源泉徴収制度の特殊性について、最高裁（裁判所）は、もっと貪欲に掘り下げないといけないと思う。申告納税制度と源泉徴収制度は、前者が本来の納税義務者が自らの税額を計算して確定させる制度であるのに対し、後者は他人の納税義務を前提に支払段階で前取りをさせる国にとっての税徴収の便宜を高める制度である。この点に大きな違いがあることが、残念ながら論じられていない印象がある。

わたしが論文に書き続けているテーマに「源泉徴収義務」という柱もあるのだが、最高裁平成30年判決は、この点についての配慮はあまり感じられなかった。しかし、今日見た法曹時報の調査官解説の注釈をみると、今後の課題として検討されるべきことが多いことは認識されているようであった。

小説でも論文でも、そして最高裁判決でも「完璧な文章」は存在しない。ひとつの判例について書かれた調査官解説も、徐々に進化して完成する。研究者の書く論文も同じだろう。未完成部分があったとしても、書き続けるなかで発見や前進があるはずである。

最高裁判例も、その事例の解決に必要な限度でしか判決文は書かれない。学説がさまざまの問題を指摘しておくことは、今後出てくる「類似性があるものの、異なる新しい論点が含まれた事例」を処理するときに、意味をもつことになるはずである。

22

原稿をいつ書いているのか？どのように書いているのか？

前著（税法読書術）が、タイトルのわりにやわらかいエッセイだったのに対し、本書はタイトルどおり（?）、税法バリバリの思考について書いてきた。

ここで少し話題を変え、やわらかめの話もしてみよう。

先日、中央大学商学部教授（会計学者）が所長をつとめられている研究会で、最新の税務判例を素材に3時間のお話をしてきた。

同じ学部の酒井克彦教授（税法学者）からお声がけいただいたのは、1年半以上まえだったように思う。「2020年の2月」とは、かなり先の近未来みたいな日程だなと思った記憶がある。スケジュールが確定したときに、その年の手帳の外にある日だったのだが、あっという間にその日を迎えた。

商学部の研究所なので会計がらみのテーマが多かったようだが、税法系の先生も多くお話しをされてきたようである（年間スケジュールのなかで、わたしは最後から2番目だった）。

弁護士時代からお付き合いのある酒井先生が、その日（わたしは）初めてお会いした所長の先生に「木山先生は、単著が50冊を超えているんですよ」とお話しをされた。それで、「凄いですね。いったい、いつ執筆をされているのですか?」と、終了後の懇親会で聞かれたのだが、いろいろな面白い話題が飛び交う席で、回答するタイミングを失った。懇親会で盛り上がるタイプの話でもないので、控えたところもあった。そこでこの場を借りて、わたしの執筆スタイルを簡単に述べてみようと思う。

これまで単著は55冊刊行している（この原稿の執筆時現在）。本書の刊行が57冊目になると思う。

最初に刊行した本は、２００2年3月。27歳のときに、処女作を書いている。３０0頁以上の分厚い本を書いた。勉強法がテーマで、司法試験に合格した直後に書いた。『司法試験を勝ち抜く合格術』（法学書院）という書名だった。司法修習生になる直前の刊行を目指し、原稿は1か月弱くらいで一挙に仕上げた。

当時は「一生に一度の記念本」くらいに思っていた。しかし、いま思うと、そのときからわたしの仕事スタイルというか、執筆スタイルがあらわれていたかもしれない。11月に最終合格が発表されると、翌年4月1日に司法修習生になる。それまで数か月の時間があった。そこで、12月に1か月をかけて、短期集中で初めての本の原稿を書いた。仕事も勉強もなかったので、毎晩のように徹夜をした記憶がある。

そのとき思ったのが、「執筆をすると、人間は眠さも忘れるのか」ということだった。朝6時くらいまで書き続けて、8時くらいに起きてまたずっと書いているみたいな生活をしていた。厳密にいえば徹夜ではない。明け方まで書き続けて、2、3時間睡眠くらいで起きる。それで、またその日も翌朝まで執筆する。こうした生活を1か月続けて書き終えた。

2作目は2008年3月に刊行した『小説で読む民事訴訟法』(法学書院)という小説だった。300頁以上のボリュームのある本だったが、「受験新報」(法学書院)という司法試験受験生の雑誌の連載をまとめたものだった。その年から多作となり、「1年に4、5冊以上書くのはあたりまえ」という感じに、その後なった。

本を書くときのスタンスは、基本は短期集中である。例えば、3週間で書くと決めたら、「1日あたり何ページ書けば終えられるか」を、まずは計算する。その上で、手帳にそれを書いてしまう。あとは、手帳に書いた予定どおりに進めるだけである。

書くのは夜中である。ふだん2時に寝る生活だとしたら、0時から3時までを、その期間は執筆に毎日あてる。ふだんより1時間寝る時間を削るだけで、3週間もあれば1冊の分量になる。

「よく書けますね」と言われることも多いけれど、決めたとおりに書くだけなので「課せられたノルマを毎日実行するだけ」という感覚である。文章を書くことが楽しいかというと、本を読むことは好きだが、書く行為は決して楽しくはない。

ただ、自分が書いた原稿をプリントアウトして、それを翌日の通勤電車のなかで読んで赤字を入れる。その文章を読むことは、心が落ち着く時間になる。

電車のなかで自分の書いた原稿を読んで赤入れしている間に、集中してつい、目的の駅を通り過ぎてしまうことがある。そうでなくても、読み始めたら、一瞬で目的地に着く。

毎晩そろそろ寝たいと思うころから、書き始めるため、書くのはどちらかといえば苦痛である。書いたものを推敲するときは、時間も忘れて没頭する。そのために、書き続ける感覚である。子どものころから、宿題を忘れたことなく、毎日コツコツやり続けるタイプだった。その性格が、生きているのかもしれない。

書いたものは、何度も紙で読んで赤入れを繰り返す。ゲラ段階でも何度も赤入れをする。この赤入れをする作業は、嫌ではない。

文章を推敲する作業だが、推敲ほど楽しいものはないかもしれない（本を読む方が、はるかに楽しいが）。文章が洗練されていくプロセスは、小学校のころに毎日のようにつくっていたプラモデルをつくる感覚にも似ている。

子どものころ、漫画を毎日書いていた。プラモデルも毎日のように作っていた。ひとりで何かをつくることが好きだった。これは誰かに強制されたものではなく、自然にやっていた。そういう意味では、本を書くことは自然にやっているだけ、ともいえる。

わたしは子どものころ、無口だった。自分の意見は、いまでもあまりしゃべらない。それで言いたいことがいろいろたまっているのかもしれない。文章になると饒舌になるタイプなのだろうか。講演や授業はものすごくしゃべると思う。それは仕事なので話すという感じである。

このようにして、50冊以上の単著を書いてきた。大学に来てからは研究論文を書くようになった。これは本を書く以上になかなかシビアな作業である。資料の収集や読み込みも必要になるからである。

論文を書くのは毎年11月中旬から12月なのだが、この時期は毎日朝4時過ぎまで書くという日々が続く。日によっては、5時過ぎまで書いて7時には起きるということも普通にある。そういう日でもまた次の日の4時まで必ず書く。それを1か月は続ける。書かない日という例外は、この時期にはない。

執筆というのは、短期集中作業である。毎日「日常の時間の枠の外」で書き続ける根気が必要になるもの、ということになるだろう。それを10年以上にわたって続けることができているのは、何かを生み出す喜びがあるからだと思う。『自助論』を著したスマイルズが何かの本で、「優れた著者は実務家である」というのを読んだことがある。そのことをはげみに10年以上、日中の忙しい仕事をしながら、その「枠の外の時間」を使っていろいろなものを書き続けてきた。これはあなたにもできる、などは思わない。まわりを観察していると、表現が適切ではないかもしれないが、多くの人には怠けぐせがあるようにみえる。その意味でわたしは、自分に対する厳しさを保ってきているかもしれない。

それと、技術的なことをいうと、わたしはブラインドタッチでパソコンの文字入力をするのが、普通の人がみたらびっくりするほど早いようである。司法修習生時代に、実務修習で同期と一緒にパソコンで書類作成をした。検察修習のときだったが、取り調べなどの調書を作成しているときに、「パソコンめちゃくちゃ早いね」と、同期から言われたことがあった。自覚したのは、このときである。最近もたまたま研究室に来た学生が、パソコンでメールを書いている途中だったので、「1分待って」と言ってメールを書いていたら、同じように「打つのが、もの凄く早いですね」と驚かれた。

こうした技術的なことに加え、特殊技能かもしれない方法で書いている。それは何も考えずにパソコンのまえに向かうと、手が勝手に動いて小説でも論文でもエッセイでもビジネス書でも教科書でも作成してくれる、という方法である。これは、方法ですらないかもしれない。

いわゆる自動書記状態というものだと思う。以前はメモを事前に書いてから執筆するというときもあったのだが、いまはメモもしないし、何を書くかも考えていない。この本でいえば、項のタイトルだけ先に決めて、あとは手が書いてくれるという感覚である。

個人的には、結構苦痛な時間になる。手がものすごく疲れるのと、もうやめようとか、寝ようと時計をみながら思っても、手が動き続けて3、4時間はずっと書き続けているという状態になってしまうからである。

そういう意味では、執筆は特殊技能があるのかもしれない。ただ、わたしには本を読む習慣が日常にある（これは前著『税法読書術』に書いた）。大量のインプットがあることが前提になっているのかな、とは思う。

やわらかめと思ったが、あまりまとまらない話になってしまった。そして税法思考とは関係ない話になってしまったかもしれない。

「思考」という点で最後にまとめておくと、思考というのはあたまのなかで考えることではなく、手を動かして文章にすることで動き出す創造力だと思う。

税法の論文も書いてみることで、初めていろいろなことが明確になってくる。問題も発見できる。書くという行為は、楽しくはないかもしれないが、思考をする手段として活用すると、かなり有益である。
この意味で何かを書くことは、ぜひあなたもやってみて欲しい。

23

源泉徴収義務の不思議①
―制度の限界が露呈されている？

大学に来てから論文を書き続けているものに、「源泉徴収制度をめぐる法律問題」がある。会社が給与を従業員に支払う際に源泉所得税を天引きしておき、それを翌月10日までに税務署に納付する。

このような徴収納付義務が、給与等の所定の支払をする者に課せられている。これを源泉徴収義務というが、その税負担をするのは天引きされることで一部支払を受けられなくなる受給者である（例でいえば、天引き後の給与の支払を受ける従業員）。

この点で、税負担をすることになる受給者は、本来の納税義務者ともいわれる。支払時に源泉所得税額が容易に計算でき、それを天引きできることが前提になっている。例えば、１００の支払債務を負うＡ（支払者）がＢ（受給者）に対して90のみを支払い、10は源泉所得税として翌月10日までに国（税務署）に納付する。このとき、支払者であるＡはその支払に源泉徴収義務が生じることと、徴収して納付すべき源泉所得税額が10であることが容易にわかることが前提となっている。

源泉徴収制度の合憲性を述べた最高裁昭和37年大法廷判決を読むと、そのことがうかがえる。憲法が定める公共の福祉として合理性をもつため合憲である、とされた。そこでは、源泉徴収制度は、国が行うべき税徴収を支払段階で民間の支払者に代わりにさせることについて、国にとっても受給者にとってもメリットがあることと、支払者にとっても過剰な負担ではないことが前提とされていた。

最高裁昭和37年大法廷判決をみると、「給与所得者に対する所得税の源泉徴収制度は、これによつて国は税収を確保し、徴税手続を簡便にしてその費用と労力とを節約し得るのみならず、担税者の側においても申告、納付等に関する煩雑な事務から免がれることができる。また徴収義務者にしても、給与の支払をなす際所得税を天引しその翌月一〇日までにこれを国に納付すればよいのであるから、利するところは全くなしとはいえない。されば源泉徴収制度は、給与所得者に対する所得税の徴収方法として能率的であり、合理的であつて、公共の福祉の要請にこたえるものといわなければならない」と判示されている（最高裁昭和37年2月28日大法廷判決・刑集16巻2号212頁）。

ところが、最近これがいくつかの意味で崩壊というか、限界に達したことが露呈されている。

ひとつは、自らに源泉徴収義務が生じることを支払者が支払時に判断することが困難なケースが登場したことである。

具体的には、住友不動産事件がある。非居住者に対して国内不動産の購入代金の支払をする者に対する源泉徴収義務を定めた所得税法の規定の適用をめぐり争われた。

非居住者であるかどうかは、住所が日本国内にあるかどうか、ないとしても、1年以内の居所が日本国内にあるかどうかで判断されることになる。この判断が難しいケースがある。住友不動産事件では、2年半に及ぶ税務調査を経てから、納税告知処分がされている。法務省出入国管理局に対する照会や、国税庁を通じたアメリカの内国歳入庁に対する照会なども行って、ようやく国税当局は、アメリカに住所があり居所も日本にはないこと（つまり、非居住者であること）を認定することができた。それでもその代金支払時に、住友不動産に源泉徴収義務が生じると判断された。

もうひとつは、48億円理事長債務免除事件である。債務免除により生じた利益（債務免除益）について給与等の支払であるとして、18億円の源泉徴収義務を認める納税告知処分がされた。1億8000万円の不納付加算税も賦課された（なお、数字は概数。以下も同じ）。

莫大な金額の貸付けについてなされた債務免除であるが、債務免除当時の債務者である理事長の資産、負債の状況が差戻後控訴審で詳細に認定された。一部は支払が困難だったが、支払が可能だった部分もあるとして、18億円のうち4億8000万円部分は適法であり、これを超える部分は違法であるとの判断がなされた。

しかし、源泉徴収義務は、支払の時に納税義務が成立し、手続を要せず自動的に同時に税額が確定するとされている（自動確定方式）。

いま挙げた2つの事例では、果たして、この理論が支払時に妥当するといえるのだろうか。徴収の便宜として定められ、その観点から合理性が認められるのが源泉徴収制度である。しかし、支払者に課される過剰な負担の下で、国が税徴収の実をあげる。そういった不合理な部分が、いまあらわれ始めている。

前者の事例では、加算税は賦課されなかった。しかし、後者の事例では債務免除を行った青果組合に加算税まで賦課されていた。このペナルティについても、裁判所は一部是認した（4800万円は適法と判断された）。

源泉所得税の税負担者である受給者に対して、最後は求償権を行使できるからいいではないか、という議論がある。支払者が行使できる求償権は、法律上は確かに所得税法222条に規定されている。しかし、現実には前者の事例ではアメリカに居住する者に国際民事訴訟の提起が必要になる。後者についてはそもそも債務免除をするくらい支払能力が乏しい者に対して請求しなければならない。

その回収コストを国は負担してくれないし、回収できなかった部分は源泉徴収義務者の自腹となる。しかし、その自腹の負担をさせられた支払者の犠牲の下で、本来の納税義務者が負担すべきはずの所得税が徴収されることになる。

負担すべき者が負担せず、徴収を行うべき国がコストを負担せず、法律により徴収と納付の義務を課せられた支払者だけが過酷な状況に陥る。裁判を起こせば、訴訟費用や弁護士費用の負担もさせられることになる。

これは、源泉徴収制度が予定していたことなのだろうか。

ちなみに、令和元年（2019）年度の一般会計歳入（当初予算）をみると、源泉所得税は16・6兆円を記録している。これは、申告所得税（3・3兆円）の5倍超である。源泉所得税は、国の租税収入で第1位を記録する所得税（19・9兆円）のじつに83・4%を占めており、第2位の消費税（19・4兆円）と比べても遜色ないし、第3位の法人税（12・9兆円）を単独で超えている。

国の財源のなかでも重要な役割を担う源泉所得税は、支払者に対する酷ともいうべき負担の下で税収が記録されている側面がある。このことは、忘れてはならないだろう。

24

源泉徴収義務の不思議②
―「支払」という言葉の意味は？

源泉徴収義務が生じるのは、所得税法が定める所定の「支払」がある場合である。その「支払」をする者（支払者）に、源泉所得税の徴収納付義務が生じる。

そうすると、源泉徴収義務の課税要件は何かとなれば、法所定の「支払」があることであり、その「支払をする者」が納税義務者ということになる。

支払とは何だろう？　日本語の通常の意味で考えると、債務者が債権者に金銭等を渡して弁済することが、最も通常想定される「支払」だろう。

会社が従業員に給与を支払うのは、雇用契約に基づき給与の支払債務を会社が負っているからである。そうすると、給与の支払の対象（例えば、担税力）は、債権者である従業員に債務を履行し、その支払債務を消滅させる行為といえる。

もちろん、相手が役員であっても同様であるし、対象が賞与であっても同様である。この意味で給与所得の場合はわかりやすいと思われるが、給与所得の場合でも、先に挙げた例のように債務免除も支払にあたると理解されている。

例えば、会社が役員に対して貸付金を有していたとして、これを免除する意思表示をした場合、この債務免除も「支払」にあたると理解されている。

しかし、債務免除の場合には、支払の際に源泉所得税額を天引きすることはできない。それだけではない。ストック・オプションの行使益の場合も天引きはできない。

会社が役員に自社株を安く購入できる権利（ストック・オプション）を付与したとする。役員は、権利行使期間中にあらかじめ定められた権利行使価格（例えば、100円）を上回る市場価格（時価。例えば、180円）の時に権利行使をすれば、180円の株を100円で購入できる。この差額を権利行使益というが、その利益が給与所得になる（ただし、租税特別措置法で適格要件を満たすものは、権利行使時に課税されず、譲渡時に譲渡所得として課税される）。

そうすると、このストック・オプションの行使も「給与等の支払」として、源泉徴収義務を生じる「支払」にあたることになる。

この場合、支払者である会社は、ストック・オプションの被付与者である役員から権利行使をされただけである（株式を移転させるだけである）。お金を支払うわけではないから、この場合にも天引きができない。

それでも支払の翌月10日までに、支払者である会社は源泉所得税を当該役員から徴収して、税務署に納付しなければならない。そうすると、この場合は、源泉所得税相当額をまずは役員に請求することが必要になる。そして、源泉徴収義務者は、その受領をしたら、これを税務署に納付するプロセスを経ることになる。本来の合理的な源泉徴収制度の仕組みでは、もはやない。

法定納期限である翌月10日までに請求・徴収が間に合わなければ、まずは源泉所得税を支払者である会社が自腹の負担で税務署に納付しなければならない。しないと、源泉徴収義務者は不納付加算税を賦課されてしまう。

間に合わない場合は、自腹で負担した源泉所得税を納めた後に、当該役員に源泉所得税相当額を求償するか、あるいは次の給与の支払の際に控除することになる。

債務免除の場合も、同様のことが起きる。

いずれにしても、ストック・オプションの権利行使の場合も、債務免除の場合も、これを「支払」にあたると解釈するがために、支払者の負担が生じる。支払者にはこうした本来源泉徴収制度が予定していたはずの天引き徴収ができないにもかかわらず、徴収をしなければならないという負担である。

国の税徴収には、コストがかかる。当然ながら、源泉徴収義務者にも徴収コストがかかる。しかし、国は代わりに徴収をしてもらっているにもかかわらず、源泉徴収義務者に手数料を支払うこともない。それればかりか、源泉徴収義務者が受給者に対して求償権の行使をする場合の費用負担や援助制度すらない。

源泉徴収義務者は、どういう位置づけで、このような天引き徴収ができない場合にまで、過度な負担を負わされなければならないのだろうか。

最高裁昭和37年大法廷判決の調査官解説を読むと、面白い。手数料を払わなくても違憲ではないが、果たしてそれで妥当といえるかは別問題である、との説明があるからである。そして、裁判所に出頭した証人には交通費も日当も支払われることを考えると、源泉徴収義務者にも手数料等を支払う立法がされてもよいのではないだろうか、という疑問すら提示されている（と読める部分がある）。

源泉徴収制度は、三者の法律関係が軸になる。国（税務署）、支払者（会社等）、受給者（従業員等）である。税収を得るのは国であり、支払者は源泉徴収義務を負い、受給者は実質的な税の負担をする（ただし、受給者は本来の納税義務者であるから、税負担をするのは当然のことである）。

この三者のなかで、税徴収を代行してもらえる国にはメリットしかないだろう。受給者も煩雑な申告納税作業をしないで済むのであるから便利である。しかし、支払者には何もメリットはない。最高裁昭和37年大法廷判決には、支払から法定納期限までのわずかなタイムラグ部分に金利のメリットがなくはないと読める判示がある。しかし、調査官解説にはこれを運用益のメリットとはいかがなものかという指摘がある。なお、低金利時代の今日、支払者にはこの金利のメリットすらない。

メリットがないだけならば別によいかもしれないが、デメリットが大量にある。源泉所得税を支払の翌月10日（法定納期限）までに納付しないと、源泉所得税の10％相当額にあたる不納付加算税を賦課される（これは受給者に求償できない）。

天引きできずに源泉所得税を税務署に納付してから受給者に求償権を行使する場合、訴訟をしなければならないこともあり得るが、その費用負担が生じる。

非居住者や債務免除を行った相手の場合などには、特に回収できないリスクもあるが、その部分は支払者の自腹の負担になる。

さらに、最高裁平成4年判決があって、源泉所得税の誤徴収がなされた場合、受給者が支払者に誤って天引きされた額を、税務署に対して直接還付請求をすることはできないとされている。この場合は、支払債務を負う支払者（債務者）の不完全履行となり、誤徴収された額について完全履行するよう、受給者は支払者に直接請求できる（債務不履行）とされている。

そのため、相手が非居住者であるかどうかを判断できない支払者は、ジレンマに陥る。つまり、源泉徴収をしないで全額を受給者に支払えば、税務署から納税告知処分をされ、かつ不納付加算税を賦課されるリスクを負うことになる。しかし、このリスクを回避するため、源泉徴収をした場合、受給者から「わたしは非居住者ではないから、誤徴収だ」として、徴収した額の請求（不完全履行）をされるリスクも負うことになる。

ジレンマといったが、板挟みである。板挟みのなかで、誰が得をするのか？　国にとって徴収の便宜があるといわれる源泉徴収制度は、支払者の過酷なリスク負担の下で成り立っている。

このような制度をこのまま維持してよいのだろうか。少なくとも、支払者がリスクを負わないよう救済措置を立法で設けるべきではないだろうか。

誰かが一方的に得をして、それが誰かの犠牲の下で成り立っている、という制度は改善されるべきだと思うが、あなたはどう考えるだろう？

25

マニア思考VS本質論

法学の議論は、理屈の世界に過ぎない。しょせんは、そういってもよいだろう。ただ、その理屈は、法令に規定された条文を前提にすることが必要になる。

もちろん、立法政策を考える場合には、既存の法令の規定を改正することや、新しい法律を創設すべきといった議論もできる。しかし、ここでは既存の法令の解釈適用を問題にする場合を前提にする。法学自体も、これまで解釈論を基本的にはメインに考えてきたと思われる。

税法の場合は、我が国の法学のなかで専門的な研究が本格的にされるようになったのは、戦後になってからである。今年で90歳になられる金子宏先生（東京大学名誉教授）が先駆者として、学問的研究をリードされてきた。

租税法（ふだんは税法といっているが、あえてここでは同義だが租税法という）といえば「金子先生」である。その体系書として改訂がされ続けている『租税法』（弘文堂。現在は２０１９年に刊行された第23版）がバイブルとしてあり、学問的研究でも、実務家の間でも重宝されている。

辞書のように、わたしたちは、まず金子租税法を引くことになる。同書は１０００頁を超える大著であるが、税法全般を幅広く網羅している。必要な論文や判例も挙げられているため、非常に使い勝手もよい大作である。税法関係者はこの改訂版の発売をこれまで毎年楽しみにしてきたことを、前著（『税法読書術』）で書いた（第23版から、改訂の頻度が1年置きではなくなっている）。

実務家は、この本で金子租税法に触れる者が多いと思われる（わたしもかつてはそうだった）。税法の研究をする者からみると、金子先生の数々の論文が、金字塔としてある。

先日、大学院の入試面接をした。法人税法の無償取引が話題になった。資産の無償譲渡や無償譲受けから、なぜ収益が認識され益金として計上されることになるのか。この論点についても、やはり金子論文がある。

法人税法が適正な税額計算（課税の公平）を目的にしていることから定められたと考えるもので、いわゆる適正所得算出説と呼ばれるものである。

馬券判決も話題になった。所得税についても、やはり金子論文がある。税法の最高裁判決の調査官解説を読んでいても、必ずといっていいほど引用されるのが金子租税法であり、金子論文である。

このようにいうと、特定の学派の主義主張にかためられた学問なのかと思われるかもしれない。しかし、決してそのような主義主張の強い理論ではない。むしろ、どのような立場の学説からも、下敷きとしてまずは金子租税法が引用されるという、オールマイティの存在になる。

税法学が発展する際に概念を明確にして議論をされてきた先駆者であり、税法の基本的な考え方についての論点をほぼ網羅されてきた。金子先生のこうした貢献が、原因としては大きいと思う。

毎年改正される個別の細かな税制については、それぞれの分野について強みのある学者（研究者）がいる。この点でみても、金子租税法は毎年の改正の細かな部分まで、体系書としては網羅し続けている。

さて、金子租税法の話ばかりになってしまったが、ここで述べたかったのは、最近の研究が金子先生のような王道の議論ではなく、「細かなマニア思考に陥っているのではないか」という問題提起をしたかったからである。

マニア思考は、そもそも、その分野の基盤となるものの研究が確立されて歴史の重みがある程度形成されてから、生じる現象だと思う。

いまさら租税法律主義か、借用概念か、租税回避か……というように、骨太な議論がされ続けて十分な時間が経過すると、そうではない部分に目を向けた研究があらわれるのだと思う。

わたしは、もともと実務家（弁護士）だし、法学研究のことも税法研究のことも、バリバリ研究者（学者）の方と比べたら、素人のレベルで詳しくないかもしれない。他方で、実務家から大学教員に転身して5年たったが、この間にそれなりの数の論文を読んできた。新しい研究や、博士論文をまとめた気鋭の学者の研究書なども、刊行されるたびに購入している。そうしたなかでの個人的な印象である。

特に税法は、例えば所得課税である所得税も法人税も、経済的価値の取得を対象にしているから、これを数学的に計算してどのように把握するかという経済学的な視点も絡んでくることは、金子租税法にも説明されているところである。それをさらにこまかに計算するのは、それはそれでもちろん意義のある研究だと思うが、法学としての税法（租税法）にとってみると、果たしてどこまでわかりやすい議論になるのか、あるいは理解しやすい議論になるのか、と考えてみると、マニアな人でないとなかなかついていけない議論もあるのではないか。そう思われるものが、増えているように感じる（もちろん、マニアとは専門性に磨きをかけた細分化された専門性であるから、そこには当然ながら研究価値が十分にあるだろう）。

個人的な感想を述べると、最先端の研究をされる先生方は、頭脳のレベルが一般人とは違うのだな、と思うことがある。

税法は実学としての課税実務（というと国税当局側からの説明に聞こえる印象があ

るかもしれない。しかし、そういう意図はない。むしろ税理士さん側からみた実務をここでは主として想定している）を動かす理論として、「重要な役割」を担うべき要請を抱えているはずである。

学生が行うディベート大会では、説得力のある議論、論理的な議論、条文に忠実な議論、一貫性のある議論、具体性のある議論が評価されることになる。最も重要なのは時間内に（つまりは瞬時に）専門家である税理士や弁護士の審査員に「理解をしてもらえる」議論になっているか、である。

わたしのゼミ生は1期生、2期生のころに頭のいい優秀な学生が、マニアックな議論を展開して、なかなか大会では評価されないというジレンマを味わった。3期生から、審査員の先生方に瞬時に伝わりやすい議論は何かを、一歩進んで考えさせるようにシフト・チェンジした。それ以降、毎年大会では優勝している。

わかりやすい議論を組み立てるには、事前の段階では、マニアックな議論も経て、しかし、それをわかりやすい議論に転換する工夫を重ねることが必要になる。

いわゆるプレゼン力のようなものであるが、わかりやすい議論をできる人は、やはりあたまがいいなと思う。元裁判官でも、弁護士でも、税理士でも、学者でも、著名な優秀な先生方とお話しをしていてそう思う。特に名のある法律家は、一般の法律家よりも、多くの人にわかりやすい本質論を展開することを心がけられていると感じる。

マニア思考は、マニア（専門家のなかでも専門家思考が高い人）には、とても面白い議論になる。そうではない人（専門家ではない人だけでなく、専門家でも原理原則を中心に本質論と結びつけて考えることを好む人）には受けにくい。その意味での、ある種の欠点をもつかもしれない。

それはわるいという意味ではなく、時間のないなかで読んでも理解ができないから、届かないというだけである。それを届けるためには、言葉を尽くして、わかりやすく説明をする工夫が必要になる。それを嫌うのがマニア思考なのかもしれない。

何が優れているかではない。ただ、限られた時間のなかで、与えられた時間を生きるのが人生である。個人的には言葉を尽くして（あるいは工夫して）多くの人に伝わる議論をしたいと、実務家時代から特に強く心がけている。

それは、目のまえに話を聞く人がいることを想像したときに、ぽかんとした顔をされたり、眠そうな顔をされたり、興味のなさそうな顔をされたりしないような、工夫ということになる。もちろん、それは相手のレベルによるかもしれない。弁護士として極めて多忙な経営者や役員や、著名人と接する機会を得たときに感じたのは、忙しい人は手持ち時間が極めて少ない、ということである。

「3分で伝えなければいけない」「最大でも10分しかもらえない」。そういうなかでマニア思考の議論をはじめたら、それはもう一瞬にしてアウトだった。「帰れ」とすら言われたかもしれない。

そのような緊迫感が、いまでも論文を書くときや、講演や授業などで話をするときには、自然とあらわれる。本質論を重視しようという心がけが、自然と導いてくれているのかもしれない。

26

文系思考VS理系思考

法学部の人間は、自分が「文系」であることをあまり意識していないのではないかと思う。また、そもそも、法学部に限らず、文系学部出身者は、自分が「理系」と異なる「文系」人間であるという発想をもつことが少ないと思う。

わたし自身も、法学部出身の弁護士である（現在は大学教員）。ふだんまわりにいる人たちには、法曹、法学者、税理士、公認会計士などが多いが、だいたい文系である。法律事務所時代のクライアントも、多くが文系であったように思う。

法学部出身で、あるいは法学（税法含む）にたずさわる専門的な仕事をしている人をみていると、法というルールの下でどのように解決すべきかについて、極めて専門的な知見をSNSなどで発信している人が結構いる。

わたしはあまりこうした発信はしないので（SNSはやっているが、意見はいわない）、読む側にいる。特に、Facebookなどをみていると、税法関係者の発信は毎日のようにあり、活発である。弁護士や法学者の発信も、日々のニュースなどの時事問題に絡めて、その専門的考え方を批判も織り交ぜながら述べている。専門家なので、読んでいて情報や視点として興味深い。

話を変えると、わたしの父は工学部機械学科出身のエンジニアで、上場企業（電機メーカー）で鉄道の駆動装置などの設計をしていた。いわゆる理系の人間である。

子どものころから、父はよく、「文系の人間は」という言葉を使った（いまでも使う）。そして、「理系はそうは考えない」という発言もよくした（父との会話なので、ここではその詳細は挙げない）。

最近わたしが好んで読むエッセイの書き手に森博嗣がいる。この作家は、理系を強調した内容の文章をよく書いていて、自分の父を思い出すことがある。同氏はそもそも作家に理系は少ないといい、理系はそもそも必要な本しか読まない人が多いとも書いている。

このように考えると、法学などにたずさわる関係者のほとんどが、文系出身でその枠のなかで専門的な議論をしていることになる。そこには理系の発想がそもそもないということになるかもしれない、と思うことがある（盲点の発想）。

高校時代、わたしは数学、物理などの理系科目がとにかく苦手だった（というか興味がもてず、そもそも勉強をしなかった）。そうすると、典型的な文系人間なのかもしれない。

ただ、中学時代までは「好きな科目は？」「得意な科目は？」と聞かれたら、間違いなく「数学」と答えていたし、小学生時代は「理科」が好きだった（と記憶している）。理系の重要性を幼いころから教育されてきた家庭環境にあったのかもしれないが、小学生時代は昆虫などの生物や天体などに強い関心があった。図鑑を読んだり、虫を飼ったり、実験をしたりするのが好きだった。学研の教材を1年生からとっていたのだが、理系の実験教材の方に興味があって、文系の学習教材には興味があまりもてなかった。

また、中学時代には、宇宙の仕組みに関心があり、その手の本をよく読んだ。

高校でやる「意味のわからない数学」は嫌いだったが、数字はいまでも好きである。数字でものをみたり、数字を記憶したりするのは、たぶん人よりたけていると思う。中学時代に、ファミスタ（正式名称はファミリースタジアム）というプロ野球のゲームに熱中していた。当時は成績の記録をしてくれる機能がなかった。それで、ノートにオーダーを手書きして、試合が終わるごとに打数や安打、ホームラン、投手であれば投球回数、自責点などを全て記録した。そして、それを電卓で計算し、ひとりひとりの選手個人の打率や防御率、チームの打率や防御率まで計算してノートに書く。これがわたしの趣味のひとつだった（なお、全てを1人でやる）。

こんなことをしていたので、暗算も得意である。昭和、平成などの西暦換算をした上で、生年から現在の年齢を計算するのも瞬時にできる。

それでもわたしは、やはり文系人間である。文系は「言葉の論理で構築された理屈」を軸に議論をする(文系はそれを「理論」という)。これに対して理系は、おそらく「計測可能な自然科学」を軸に議論をする(理系もそれを「理論」といっているいと思う)。

先日、父と話をしていたら「理系では、理論の間違いは簡単にわかる。間違っているものは、壊れる」と言っていた。他方で、「優れたものは、形が美しい」とも言っていた。他方で、理系では、計算にだけこだわる人がいて(理系ドグマととりあえず呼ぶ)、その計算の前提に誤りがあるのにそれに気づかないで「わたしの計算は正しい」という人がいるという。しかし、それは計算ではなく、完成品をみれば美しくないから、誤りがあることが「わかる」そうである。

父は理系の人間であるが、読書好きで歴史、文化、医療、美術にも詳しい。そして専門知識はないはずなのに、税金や法律の話でも普通にできる。国際的な話題も豊富で、政治経済の問題にも関心が高い。親子なので、何でも気にせずに議論ができる。先日も、横浜の実家に行き昼過ぎから父と話していたら、いつの間にか暗くなり、気が付いたら夜遅くなったのであわてて帰宅した。8時間くらい話していた。

子どものころ、プラモデルが好きだった。毎日のようにプラモデルを買って一人で組み立てていた。説明書をみれば立体的な部品をつなげてものをつくるのは、誰からも習っていないが得意であった。

それにもかかわらず、高校時代に理系は無理とわかった。法律の世界に来て本当によかったと思っている。

さて、とりとめのない話になった。わたしたちが、税法や法律の専門家同士の議論をしていると、対象はあらゆる分野にかかわるため、何でも理解してそれを当然に扱えるように錯覚しがちである。しかし、果たしてわたしたちは、その対象のことを本当にわかっているのだろうか？

例えば、新型ウイルスが流行し始めたとなったときに、これを文系人間の間で議論をすると、クルーズ船の対応に問題があったとか、どのような仕組みをつくれば感染拡大を防止できるか、あるいは体制に問題があったか、という話題になる。

国会でも、（質問する側のレベルは低いが）そのような議論をしているように思う。

しかし、そもそも、新型ウイルスの実態は徐々に解明されていくものであり、どのように感染するのかなども、じつはわからないものだということがわかる。

マスク、消毒、手洗い、うがい。ゾーンの区分け、クルーズ船の水際対策などを、文系思考で考えると、これをやれば防げるのに、それをしないのは対策に誤りがある、などと「過失論」を、抽象的にあてはめようとしてしまいがちである。ちなみに、過失とは注意義務違反のことで、その有無が裁判では争われる。具体的に何をみるかというと、予見可能性と結果回避可能性である。法的思考においては、こうした抽象論を具体的な事例で考え、その判断を下すことになる。

しかし、このような対策をしていても感染することはあるだろう。そもそも、タミフルやリレンザなどの特効薬のあるインフルエンザですら、ワクチンの予防接種をしても感染する人は感染する。手洗いうがいなどしていても（あるいは学校が徹底させているつもりでも）、毎年小学校ではインフルエンザ患者が多数でている。それが人類にとって未知のウイルス相手となったら、推して知るべしである。

「感染者数拡大や収束の見通しは、どうなのか？」みたいな批判をする人もいる。しかし、そもそも初めてのウイルスで見通しなどつくはずがないだろう。ということは、理系文系にかかわらずわきまえるべきだと思うが、そうではないものをよくみかける。

このように考えると、何かを安易に「問題である（こうすれば防止できる）」と発想してしまうのは、文系思考のマイナス面なのかもしれない。というか、文系人間が書いているので、この程度の議論しかできない。

専門性を磨き、経験を重ねるほど、もっと謙虚に「わからないことは、わからない」と思えるようになりたい。

同年代（40〜50代）の優秀な専門家のSNSなどをみていると、自分の持つ専門性に絶対的自信を持ち、専門外のことにもどんどん口出し（あるいは批判といってもよいかもしれない）しているようにみえる発言も目にする。

TwitterやFacebookを一応やっているけど、わたしがSNSで意見を基本的に述べないのは、いろいろな考えがあってのことである。

そう言いながら、「本になれば、意見をたくさん述べているではないか」と思われるかもしれない。ただ、本というのは、原稿を書いたあと何度も推敲することができる。最初の原稿で書いても削除することもできる。つまり、慎重に公表文章を吟味できるのである。また、SNSと違って読んだ人がコメントをすぐに書くような反応もないし、拡散もしない。また、本は出版社が刊行するので、著者が書いた原稿がそのまま出るのではなく、編集者や校閲者等による細かなチェック（内容や表現に対する意見も含む）もなされる。

SNSは書いたあとにすぐにコメントを書かれて反応しなければならなくなるから、冷静になりにくい。この意味で、感情が動くツールである。それにフローで流れるのがSNSなので、最新情報を前提にすぐに意見表明しないといけない（虚偽情報を流す危険もある）。

本では多弁になるタイプが作家には多いと思うが、この点が明らかに違うのである。また、よく読んでいただければわかると思うが、そうした慎重なプロセスで完成する本のなかですら、わたしはほとんど意見を述べていない。多くは、問題提起や発想の仕方や、考え方の整理である。他方で、長年の実務経験も踏まえた研究対象については、論文にも書くぐらい熟知していることであれば、具体的な意見をそえているかもしれない。この場合、熟考の末に至った見解であるはずだが、それでもいずれは考え方が自分のなかでも変わるものもあるかもしれない。

いずれにしても、意見は十分な情報を得たなかで、さまざまな考え方に触れた上で、最後はその人の価値判断で決まるものである。そうすると、上手に理論武装されているようでも、意見ばかりの発信というは、結局のところ「その人の価値判断の表明」でしかない場合が多いようにも思われる。

さて、あなたはどうか？　わたしは、他者と安易につながらないアナログな状態で本や論文などを熟読して、時間をかけて自分で考えればよいと思っている。かつては、それしかできなかったが、いまは意識していないと他者とつながるスマホの画面をみながらの状況に陥ってしまう。考える環境として、決してよいとはいえないだろう。

他者の意見にのみこまれるおそれがあるからである。あるいはコメントなどの周囲の反応が気になってしまうおそれもあるからである。注意が必要だと思う。

すぐの反応を求めず、熟考する。画面をみていると、思考環境は汚染される。早く、もとの環境に戻した方がよいと、わたしは思う。頭がよいはずの多くの現代人も、そのことに気づいていないようである。日頃から不思議だなと思いながら、じっと観察している。

27

「やらなくてもよいこと」
——でも、それをやるのが人生では？

新型コロナウイルスの感染拡大を防止するため、政府が基本方針を発表すると、各種イベントの中止が早々に決定した。

それに先立ち、大企業では率先してグループ全体でテレワーク（在宅勤務）に切り替えたところもあり、他方で最近（執筆時現在）では、感染者が出たためにテレワークに切り替えたところもあると報道されている。

ゼミの卒業生でNTTグループに勤務する教え子から「今日から在宅勤務になりました」とLINEをもらったのは、かなり早い段階だった。FacebookやTwitterなどをみていると、在宅勤務にしたり、イベント（懇親会や飲み会等）が中止されると、意外とふだん「やらなくてもよいこと」をやっていることがわかったので、これを機に「働き方」も変わるのではというか、というコメントをみかけた。

働き方が変わっていくのは、特にテレワークが可能になる業務があるのは、テクノロジーの進化によるものだが、そうではない仕事（職種）もたくさんある。

前著（『税法読書術』）では、何度も登場したスタバなどは、早い段階からどの店舗に行っても、バリスタ（店員）全員のマスク着用が行き届いている。こうした飲食店の接客は、テレワークではできないだろう。運送業などもテレワークでは、何も運ぶことができない。世の中は、添付ファイルで送信できるデータだけではないのである。

東日本大震災の自粛ムードのころともまた違う、全マスク体制と多くのイベント中止は、これまでのわたしの人生のなかではなかったことである。

オリンピックイヤーでプロ野球の開幕戦が例年よりかなり早く、通常は平日（金曜日）のナイターになるのだが、祝日であるため、開幕戦のチケットを購入した。観戦を楽しみにしていたのだが、この原稿を書いている日に、プロ野球のオープン戦（今後の全72試合）の無観客試合が決定された。

そもそも、プロ野球のオープン戦が無観客で行われるのは初めてである。震災により試合が中止になった東日本大震災のときよりも、大規模な決定になる。開幕戦は、正直むずかしいかなと思っているが、どうなるか（結局、延期された）。

さて、こうしたパンデミック状態（いずれなるといわれているが、なるのは間違いないだろう）の猛威は、歴史上スペイン風邪以来なのではないかと思う。スペイン風邪の感染者数が当時の世界の人口の3分の1であったことや、その死者数などをみると、ぞっとする。

当時はまず医療関係者がバタバタと倒れてしまったようである。そうしたことがないように、どのように感染拡大を阻止していくのかが、現代の新型ウイルス発生時における課題になるだろう。これは「人類とウイルスとの戦い」であると思うのだが、どうして国会では味方すべき人類側に手をさしのべることをせずに、政権与党をさまざまな問題で批判し続けるのだろう。

さて、わたしの出席予定だったこの2月末から3月にかけてのさまざまなイベントも、かなりのものがこの数日で中止決定された。楽しみにしていた法律事務所で働く教え子たちとの食事会も、やむなく中止の判断をした（代わりにグループLINEをつくって、就活をするゼミ生とOGとの交流の場をつくった）。

そうやって、いろいろな行事を中止にしてみても、「なんだ。別に特にまわっていくじゃないか」という発想もひとつあるかもしれない（ただし、大企業の従業員か、情報を扱うビジネスの会社の経営者などに主流の考え方だと思う）。「在宅勤務で、仕事はできるじゃないか」というのも同旨の意見と思われる。

しかし、視点としては、平時と有事の発想はもたなければならないと思う。有事対応が平時の勤務環境の改善につながる可能性はあるとしても、そのまま有事にできたから平時も同じにできるとはならないことは忘れてはならないだろう。人間は気分で動く存在だからである。つまり、有事は気分が引き締まるから、平時と異なり何とかなるところがある。

別の視点も、示しておこう。もともと夜中に自宅のパソコンで仕事も論文も書いているのが日常のわたしから言わせてもらうと、日常生活を送り家族と暮らす「自宅で毎日仕事をする」というのは、そう簡単なことではない。子どもがいれば、益々そういえるだろう。逆に、一人暮らしの場合は、自分を律することができるタイプの人であれば、あまり影響はないかもしれない。しかし、前述の気分の問題は残る。

物理的にできるかどうかの問題と現実にスムーズにできるかどうかの問題は、別だということである。さきほどみていたニュースでも、「韓国と日本の新型コロナウイルスの1日あたりの検査数を比べて日本は少ない」と、また「国会で厚生労働大臣が答弁した最大可能数の半分くらいしか検査が実施されていない」と問題視するキャスターのコメントを聞いたが、わたしにはピンとこなかった。

物理的にできる最大限の数と、現実に稼働している数が一致しないのはあたりまえだと思うからである。また、国の状況は異なるから、単純に数字を比較して何の意味があるのだろう。

これらを議論としてするのは、構わないと思う（そもそも論で勉強になると思う）。しかし、やってしまうと、報道においては数字を深く考えずに吹聴して、政府の対応などをむやみやたらに批判する人たちが出てくる。もう少しビシっとできないのかなとも思う。そもそも、良識ある人は、うがった見方はしないだろうし、想像力を働かせれば、それくらいのことはわかるはずである。

このテレビに出演していた専門家は、同じようなコメントをしていた。そうだろうな、と思った。しかし、一般視聴者のなかには、医療のプロではないものの、上手な話し方をするビジュアルのよいキャスターの素人コメントの方に、印象が強く残ってしまう人もいるだろう。

個々人が「物をみる目」を養うしかない、ともいえる。

まとめに入る。テレワークの実施やイベントの中止により、「やらなくてもよいこと」をふだんたくさんやっていたのだなと気づき、すべての無駄を整理して排除しようと思う人が出てくるかもしれない。そもそも、なぜ人が学校で勉強し、大人は働いているのか。改めて、考えてみよう。

子どもは学校に行って勉強し、大人は会社に行き仕事をしないと、人生のほとんどの時間が暇になるからだと、わたしは小さいころから考えてきた。

小学生のころ、夏休みに母の実家によく行った。すぐとなりに山があり、横浜市内ではあるけれど、田舎であった。セミの鳴き声がうるさいけれど、そしてたまに「すいかを食べるか」とか、畑でとれた新鮮な食べ物が出てくる。そうした食べ物や、カルピス（なぜかカルピスがいつも置いてあった）が出てくる時間以外は、暇だった。

年齢の近い子どもがいなかったので、わたしはひとりで空いた部屋のソファに寝ころび、たまに漫画を読んだりしていた。読み終わっても時間がたくさんあった。セミが鳴いていて、考えごとをしても時間がありあまる。すいかを食べにいくと、ようやく時間が過ぎるが、それでも灼熱の太陽はなかなか沈まなかった。

「やらなくてもよいこと」は、確かに、無駄なことかもしれない。しかし、一期一会だと思い、会社の人とみんなで会って会議をする。職場まで電車に乗ったり歩いたりしながら、勤務先と自宅との間を往復する。その近くでお昼を食べたり、本屋に行ったり、だれかと食事に行ったりする。そんなことを毎日しているから、灼熱の太陽の下、山でセミが鳴いているような、暇な時間にならずに済む。こうして帰宅後にテレビのニュースをみるうちに寝る時間になり、1日の充実感をそれなりに得られるのではないだろうか。

これがテレワークの毎日で行事がなくなったら、どうなるのだろう。これも想像力の問題だと思う。わたしもこれを文章につづっているが、SNSでいろいろ書いている人は、文章だけの世界で考えすぎて（画面をみているだけでしょう）、夏休みのセミの鳴き声のなかですいかを食べるような想像力を使わないで毎日を終えてないだろうかと、時々心配になる（仕事で発信するのは、ビジネスの必要性なのだと思うけど）。

他人のことを心配しても仕方ないが、意見や話したいことがあるのであれば、身近な人と雑談したらよいのではないだろうか。そうしたら、無知を公開したり、文章や画面の世界だけで想像力のない批判や発言を他人にみせたりしないで済むのではないかと、といつも思っている。

人と会っていろいろ雑談でも議論でもしている大学という職場は、「やらなくてもよいこと」にみえるものが多いかもしれないけれど、人生を充実させるためには「やった方がよいこと」ではないかと、ひそかに思っている。わたしは長い会議は本質的には好きではないけれど、それでもそう思っている。人と人とは接触回数が多いと親近感を抱くようになるという心理学の法則があるからということではなく、それだけ平時に時間をさいて議論を続ける関係というのは、いざというときにも信頼関係を発揮しやすいと思うからである。だからこそ、やはり平時と有事は違うといえる。

「あなたも（わたしのことである）原稿を書くのは自宅なのだから、テレワークではないか」という突っ込みもあるかもしれない。しかし、わたしがパソコンに向かって自宅で文字を打ち込んでいるのは、家族も寝静まった夜中である。それ以前に、さまざまな業務と活動をしており、外に出ている。それがあって、夜中に執筆をするから、書けるのである。

28

結びに代えて——次回作は『スイーツ税法術』？

法学では、抽象と具体の双方の思考が必要になる。

人は、一般的には、具体的に考えることが得意な人が多いかもしれない。そこで、抽象的に考えることができる人が、哲学や法学に向いているといえるだろう。

高校時代に（理系科目は無理なので、文系の大学にしか行けないことが確定したわたしが）興味をもったのは、哲学と法学だった。しかし、比較的簡単に「法学しかない」と選択できたのは、「哲学は面白いけれど、仕事にはまずならない」と、高校生にも容易に想像できたからである。

これに対して、法学は司法試験などの資格試験や公務員試験など、試験勉強などもあり大変そうにみえたが、逆に職業に結びつくものが多い専門性が伝わってきた。そういう意味でわたしは仕事になる方の法学を選んだのだが、選ばなかったけれど興味をもっていた哲学と法学に共通するのは、抽象思考だと思う。

本好きな人には、抽象思考が好きな人が多いかもしれない（ただし、傾向を観察していると、ミステリー小説がとにかく好き、という人はそうではないかもしれない）。わたしは趣味の読書では（前著で詳細に書いたが）文芸評論や芸術、哲学などの本もよく読む。

それで十分に楽しめるので、哲学は仕事にする必要はないと思っている。

法学となると、そのなかでも税法だが、抽象思考が大事である一方、具体的な数字や時系列で事実をとらえる力も重要になる。法解釈は抽象思考だが、法解釈により定立された規範を適用する対象である認定事実（事実）は具体思考が求められる。

両者を行き来して、自由自在に抽象思考と具体思考をできる人が、法学のなかでも「税法のようなバリバリの実学」には向くだろう。

例えば、交際費等にあたるかが争われた萬有製薬事件という著名な税法判例がある。第1審と控訴審では判断が分かれた。

これを抽象思考だけでみると、第1審は交際費等の要件を2要件で捉えたのに対し（2要件説）、控訴審は3要件で捉えた（3要件説）という違いがある。そして、院生はよくそのような分析をする（初歩のうちは）。

ちなみに、2要件説とは、損金算入が制限される交際費等に該当するための要件を、①支出の相手方（事業関連者かどうか）、②支出の目的（接待、慰安、贈答等のためといえるか）でみるのに対し、3要件説は、以上の2要件に加えて、③行為の形態（接待等にあたる行為といえるか）もみるものである。

萬有製薬事件で問題になったのは、何か。製薬会社が、医師等の論文の英文添削を国内市場の一般価格で引き受ける。実際にはそれを外注する際に約3倍の費用がかかっていた。その差額を製薬会社が負担していた。これが交際費等にあたるのではないかという問題であった。萬有製薬はこれを寄附金として損金算入する法人税の申告をしていたが、国税当局はこれを交際費等にあたるとして損金算入を否認したのである。

確かに、要件の違いはあったのだが、実際にはそのあてはめで差異が生じているのがこの裁判の特色であった。なぜかというと、2要件目の目的レベルで裁判所の判断は分かれていたからである。

さらにいうと、裁判所は抽象的に2要件か3要件かなどとやったのではない。詳細な事実認定をして、その事実を数字も含めて「評価」することで、要件へのあてはめをしている。

判決文が長いので全文はできないが、少しだけ引用すると、次のとおりである。

「X〔原告・控訴人〕が英文添削を依頼した研究者らに請求する料金は、当初は、1500円（1頁当たり、以下同じ。）であったが、公正競争規約への抵触を懸念し、その後、ほぼ2年ごとに国内の英文添削業務の市場価格（全国の英文添削業者20社の料金の平均価格）を調査して料金改定を行ってきた。その料金は、平成5年7月以降が2000円、平成7年10月以降が2500円、平成9年7月以降が3500円であった。また、平成9年10月には、Xが英文添削料金の差額を負担していたことが報道され、研究者らが差額の発生を知り得ることとなったため、その料金は5000円に改定された。なお、Xが、研究者らに料金を請求する際の基準となる原稿枚数は、E社等がカウントしたそれと異なることがあった。これは、図や表を原稿枚数に含めるかどうかなどの違いによるものであるが、Xが研究者らに請求する際の枚数の方が少なくなることはあっても、逆にそれが多くなることはなかった。

……Xの本件各事業年度における本件英文添削の外注費とそれによる収入及びその差額の負担額（本件負担額）の状況は、原判決別表11記載のとおりである。これによると、本件負担額は、平成6年3月期においては1億4513万6839円、平成7年3月期においては1億1169万0336円、平成8年3月期においては1億7506万1634円に及んでいた。これら本件各事業年度における本件英文添削の外注費は、その収入と比べて平成6年3月期は約5．1倍、平成7年3月期は約3．7倍、平成8年3月期は約4．3倍になっていた。」（東京高裁平成15年9月9日判決・判時1834号28頁）

判決文が認定した事実のごく一部の引用であるが、具体的な時系列と数字がどれだけ詳細に示されているか、わかると思う。抽象思考は、法学（税法）では重要だが、こうした事例における具体的な事実関係を前提にしないと、議論が空理空論になる危険がある。

その際、特に「数字」がどうなっているかをみる目を養いたい。

さて、本書はこの28個目が最後の項目になる。「税法思考術」となると、ほかには、社会通念、総合考慮、合理性、予測可能性などについて議論しても面白いと思っている。このあたりは、次回作でまた触れられればと思う。

が、次回作が『税法思考術2』であるとは、限らない（実際には、その方向は十分ありだと思っているが）。

次回作は、『税法スイーツ術』かもしれない。なんだそれはと思われるかもしれないが、じつは前著（『税法読書術』）を刊行後に、本気で税法スイーツ術の項目をピックアップしたメモを、スマホでつくっていた。

スイーツが好きなので、好きなケーキなどのお店を紹介しながら、税法に絡める（どうやって？）という面白そうな目次だった。しかし、担当編集者にはなかなか躊躇してしまい、切り出せなかった。そこで、ここでいま初めて告白してみた。どうでしょう？

　これは半分冗談で、半分本気である。前著は、ゆるい感じの読書（それも税法に限らない一般書も多かった）エッセイだった。そこで、次の作品を、スイーツでさらにゆるくし、「税法は何処へ？」と思われることを懸念し、本書ではこれを避けた。それで、「税法思考」を、比較的だが本格的に書いてみることで、少し「税法」よりに締めたつもりである。

　「読書」は楽しむものだが、「思考」は洗練されたものの方が読む方は面白いはず、と思ったからである。

補遺

思考は、人の行動に影響を与える。

人はまず、いま起きている状況を認識する。これは、情報収集を前提とした「事実」の整理・理解・把握のプロセスにより行われる。これを前提に、次にどのように行動すべきかの方針を立てることが必要になる。その際に「思考」は、確かな力を持つことになる。

しかし、わたしたちには、思考を単純化する傾向がある。また、偏った見方で世界をみる傾向も、老若男女問わず見受けられる。これは、特定のレンズでものをみることが楽だからなのかもしれない。あるいは、その考え方に慣れているからかもしれない。人によっては、それが信念だからかもしれない。いずれにしても、客観的にみれば、大変こころもとない思考と言わざるを得ないであろう。

税法思考の本なのに、このようなことを述べるのは、なぜか。あなたはそう問うかもしれない。税法思考といっても、根本にあるものは、一般的な事物に対する考え方と共通する部分がある。そう、わたしは思っている。もちろん、正解はない。しかし、思考の力を問う本書において、いま避けて通れないメッセージの必要性を感じた。それが、この補遺である。

思考は、普遍的なものである。問題が起きたときに、冷静にふるまう力を与えてくれる。「平時」とは異なる「有事」の状況が起きたときでも、鍛え抜かれた偏りのない思考の力があれば、安心である。たとえ未知の脅威に遭遇したときであっても、である。

人類の歴史を紐解けば、未知との戦いは宿命であることがわかる。この点で、歴史に目を向ける思考は重要といえる。しかし、何事にも盲点がある。歴史は繰り返されるといっても、安易に経験主義によれば、過去とは異なる事象に直面したときに適切な対応ができなくなるおそれがある。

時代は、２０２０年。

人類は、未知のウイルスと戦わなければならなくなった。

これを歴史的にみれば、約100年前のスペイン風邪が思い浮かぶ。パンデミックといえば、新型インフルエンザとして認識されてきた旧来のイメージがある。そこに共通性を見出したくなるかもしれない。

国難という意味では、近い記憶として残る2011年の震災が、共通するようにみえてくるかもしれない。これを自粛という言葉でわたしたちが思考すれば、経済のことも考えなければならない（＝自粛はよくない）というベクトルにもつながるだろう。

しかし、いま立ち向かうものは、未知のウイルスである。その全貌は、明らかになっていない。日々得られる情報は確定版ではなく、修正が予定される更新版である。何を優先すべきなのかという利益衡量（2つの相反するものを天秤にかける思考）の視点を持てば、生命・健康なのか、経済なのか、という平時は両立可能なものが、二律背反になってしまった事態であることを認識できるかもしれない。「優先関係」という視点である。

また、そもそも、震災直後の自粛ムードと、感染拡大を防止するためのイベント等の自粛では、そのもつ意味が全く違う。その差異に気づけなければ、わたしたちは誤った行動をしてしまうおそれがある。「盲点」に気づくためには、単純思考を捨てなければならない。しかし、同時に思考の力は信じる必要があるだろう。

「平時と有事」という視点がある。この視点を持たないと、「平時」と同じ思考で行動してしまい、人は間違いを犯す。そうすると、「有事」に世界がシフトしたことに気づける力が重要になる。もちろん、その際には、果たして本当にいまは「有事」なのかを探る「事実認定の力」も必要になってくる。

有事であることが明らかである場合でも、有事を強調するだけの単純思考に走れば、何かを見逃す危険も生じる。例えば、SNSを通じて、すでに不安になっている人の恐怖心を、ただあおるだけの行動をもたらすおそれがある。それは、何ら社会には有益でない発信であるにもかかわらず、である。自身の不安を思考によって制御できない。そのとき人は、自分は正しいことをしているという「信念の落とし穴」に嵌りやすくなる。それでも、そういう人をわたしたちは責めることはできないだろう。むしろ、人々の心にある不安を理解する方向で、この場合にも「思考の力」を使うことができる。「想像力」という名の思考である。

人災という言葉が、平成時代にはよく聞かれた。未知のウィルスにそうした思考を単純に適用しようとすると、政策や対応をただ批判するだけの「問題化」思考に陥る。これは事態を解決する方法ではなく、原因をどこかに求めることで安心しようとする「思考の偏り」にも映る。人類が思考の力を結集し、2020年に生じた事象が無事に落着することを、心より願う。

あとがき

本書を執筆したのは、２０２０年1月24日から2月26日までの約１か月である。日常との関係で綴った箇所もあるが、多くは日々の出来事から離れて税法思考を展開した。ただし、社会状況の急変があり、再校ゲラのチェックの際に「補遺」を加筆した（3月28日）。

本書は、『税法読書術』（大蔵財務協会、２０１９年）の第2弾であった。今後も続けていければと思っている。税法のエッセイが、世の中にあまりないからである。

大蔵財務協会の担当編集者とご一緒したのは、本書で5冊目になった。本書でも、執筆者の目線の置き方、書いた文章の見え方などについて、率直かつ具体的なアドバイスをいただいた。そのため初校ゲラ段階で、かなりの赤入れをした。これによって、税法思考を扱いながらも、エッセイの雰囲気を残すことができたのではないかと思う。深く御礼申し上げる。

本書を読んで下さった読者の皆様、これまで数々の力を与えて下さった周囲の皆様にも心より御礼申し上げる。

最後に、本年4月末に結婚50周年を迎える両親に、本書を捧げます。

木《き》山《やま》泰《ひろ》嗣《つぐ》

木山　泰嗣（きやま　ひろつぐ）

1974年横浜生まれ。青山学院大学法学部教授（税法），同大学大学院法学研究科ビジネス法務専攻主任。鳥飼総合法律事務所客員弁護士（第二東京弁護士会）。2001年に旧司法試験に合格し，2003年に弁護士登録。2011年に『税務訴訟の法律実務』（弘文堂）で，第34回日税研究賞（奨励賞）受賞。約12年にわたり弁護士として税務に関する法律実務に携わった後，2015年4月に大学教員に転身。税法研究及び教育に専念する。

著書に，『小説で読む民事訴訟法』（法学書院），『反論する技術』（ディスカヴァー・トゥエンティワン），『法律に強い税理士になる』（大蔵財務協会），『税法読書術』（同），『分かりやすい「所得税法」の授業』（光文社新書），『教養としての「税法」入門』（日本実業出版社），『もしも世界に法律がなかったら』（同），『分かりやすい「法人税法」の教科書』（光文社），『新・センスのよい法律文章の書き方』（中央経済社），『入門課税要件論』（同）などがある。単著の合計は，本書で57冊。

モットーは「むずかしいことを，わかりやすく」，そして「あきらめないこと」。

Twitter:@kiyamahirotsugu

税法思考術

令和２年４月13日　初版印刷
令和２年４月26日　初版発行

著　者　木　山　泰　嗣

（一財）大蔵財務協会　理事長
発行者　木　村　幸　俊

発行所　一般財団法人　大　蔵　財　務　協　会
〔郵便番号　130-8585〕
東京都墨田区東駒形1丁目14番1号
（販　売　部）TEL03（3829）4141・FAX03（3829）4001
（出版編集部）TEL03（3829）4142・FAX03（3829）4005
http：//www.zaikyo.or.jp

乱丁・落丁の場合は、お取替えいたします。
ISBN978-4-7547-2779-6

印刷　恵友社